Drogas:
Causas, Consequências e Recuperação

Uma abordagem multifatorial das drogas
(neurofisiológica, psicológica e espiritual)

EDITORA EME

Cessão dos Direitos Autorais

Os direitos autorais desta obra foram cedidos pelo autor para a Editora EME, o que propicia à Editora vender o livro com preço mais acessível e manter campanhas de preço especial aos Clubes do Livro do Brasil. Essa cessão auxilia, ainda, na manutenção dos seguintes serviços:

Centro Espírita "Mensagem de Esperança"

Avenida Brigadeiro Faria Lima, 1080 - Vila Fátima - Capivari-SP
Reuniões espíritas às segundas-feiras às 20h, com palestra, passes e evangelização infantil.
Trabalho de desobsessão às quartas-feiras, às 20h.
Curso de O livro dos espíritos às quintas-feiras, às 20h.

Central de Educação e Atendimento da Criança

Rua da Glória, 97 - Bairro São Luís - Capivari-SP
Em parceria com algumas empresas de Capivari a Editora EME mantém a CEAC, também conhecida como Casa da Criança, instituição filantrópica, fundada em 27 de setembro de 1994, que oferece alimentação diária a crianças e gestantes carentes do Bairro São Luís.

Escola profissionalizante

A Editora EME mantém convênio com a AEDHA - Associação de Educação Homem de Amanhã, Rua Ismael Bueno de Oliveira, 83 - Vila Souza - Capivari-SP, oferecendo vagas, em seu parque gráfico, para jovens entre 16 e 18 anos, com vistas à sua profissionalização.

Comunidade Psicossomática Nova Consciência

Colabora na manutenção da Comunidade Terapêutica para tratamento de álcool e drogas, Rua Jacub Pain, 187 - Jardim Recanto Cancian - Capivari-SP

Edição e distribuição: ***EDITORA EME***
Caixa Postal 1820 – CEP 13360-000 – Capivari-SP – Fone/fax: (19) 3491-7000 / 3491-5449
E-mail: vendas@editoraeme.com.br – Site: www.editoraeme.com.br

---

VALCI SILVA

Drogas:
Causas, Consequências e Recuperação

Uma abordagem multifatorial das drogas
(neurofisiológica, psicológica e espiritual)

Capivari-SP
– 2010 –

Drogas: Causas, Consequências e Recuperação

Uma abordagem multifatorial das drogas

(neurofisiológica, psicológica e espiritual)

Valci Silva

– Psicólogo –

5ª edição junho/2010 – 5.501 ao 6.500 exemplares

Capa:

André Stenico

Revisão:

Lídia R. Martins Bonilha Curi

Izabel Camargo

contato com autor: valcipsi@terra.com.br

Ficha Catalográfica

Silva, Valci

Drogas: Causas, conseqüências e recuperação, Valci Silva, (1ª edição, março/2008), 5ª edição, junho/2010 – Editora EME, Capivari-SP.

168 p.

1 – Tratado sobre drogas – Abordagem Espírita

2 – Drogas – Uma abordagem multifatorial das drogas

CCD. 133.9

DEDICATÓRIA

Especialmente à minha família, a qual foi bastante sacrificada, mas muito soube compreender o esforço e a dedicação para que pudéssemos compilar este modesto trabalho. A todas as pessoas que, muitas vezes nem sequer imaginam a imensa contribuição que me proporcionaram, através de suas palavras amigas e críticas, sem contar as pessoas às quais, do ponto de vista profissional, pude orientar ao longo destes anos e que me trouxeram o ânimo e a coragem de poder apresentar nestes escritos a experiência e a vivência proporcionadas por suas dores e sofrimentos, em um vício cruel e devastador que é o envolvimento com drogas em geral e em especial algumas que você conhecerá neste trabalho.

Muita paz e esperanças para todos.

O Autor

"O lar é uma escola onde somos todos professores e aprendizes uns dos outros".

Índice

INTRODUÇÃO

OS VÍCIOS À LUZ DA DOUTRINA ESPÍRITA:

Os vícios são, sem dúvida alguma, a maior chaga moral da humanidade nos tempos atuais. Segundo o neurocientista Stefen Clein, em seu livro "A Fórmula da Felicidade", quando enveredamos na obtenção dos prazeres grosseiros a área cerebral estimulada é exatamente a mesma, com larga produção de serotonina e dopamina que nos dão uma sensação transitória de prazer. A má notícia é que, imediatamente após, os hormônios contrarreguladores são liberados nos dando uma sensação de mal-estar e indisposição. Quando ingerimos bebidas alcoólicas, buscamos a sexolatria sem afetividade, comemos doces exageradamente ou nos drogamos estamos, portanto, estimulando a mesma área do sistema límbico, numa busca desenfreada por serotonina em nosso organismo. O problema é que após a bebida vem a ressaca, após os lautos banquetes a indigestão e a sonolência, após o sexo sem amor, a melancolia e o desinteresse.

A longo prazo, destruímos prematuramente o nosso templo físico, pois, como diz Paulo de Tarso, " o salário do pecado (vício) é a morte"(Romanos 6:23).

Esta é a diferença básica entre os prazeres materiais e espirituais: os primeiros são transitórios e imediatamente sucedidos pela dor, levando-nos lentamente à desencarnação prematura; os segundos, embora mais sutis, têm maior durabilidade e nenhuma dor, pois tudo o que se refere ao espírito se eterniza e vivifica por si, pela vinculação intrínseca à Fonte de Tudo.

Esses prazeres espirituais a que me refiro são o bem que fazemos aos outros e a nós mesmos através da caridade, da oração e da meditação. Quando fazemos, por exemplo, uma campanha do quilo ou visitamos um hospital ou abrigo de idosos, sentimos uma agradável sensação que, muitas vezes, persiste a semana inteira.

Uma forma simples, portanto, de vencermos as tendências inferiores é substituirmos os prazeres materiais pelos espirituais. Substituirmos os pensamentos negativos por positivos. Na pergunta 917 de *O Livro dos Espíritos*, Fénelon nos orienta que a predominância da vida moral sobre a vida material é um poderoso instrumento para enfraquecermos o nosso egoísmo, causa de todos os vícios (p. 913). **Ocuparmos o nosso tempo com leituras edificantes, palestras esclarecedoras e tarefas evangélicas é instrumento valioso para bem empregarmos a nossa libido** e direcionarmos nossos pensamentos, preenchendo com sabedoria os horários vagos.

No primeiro mandamento "Ama a Deus sobre todas as coisas", Jesus nos orienta com exatidão como nos libertarmos da escravidão material. Como tudo no universo está impregnado da Divina Presença, segundo nos esclarece o mestre de Lion no capítulo II de *A Gênese* kardequiana (a Providência Divina), ao nos apegarmos a algo material estamos substituindo o Todo pela parte e isso nos causa dor e dependência. Quando direcionamos as nossas mentes para a Fonte, fazemos o processo contrário e, portanto, plenificamos o nosso vazio psicológico pela consciência de plenitude, a solidão pelo Amor Maior, a parte pelo todo, o sofrimento pela felicidade da percepção do contato íntimo com o Cristo, numa forma de prazer infinitamente maior e mais duradoura.

"Amar a Deus sobre todas as coisas" significa, portanto, **substituirmos prazeres menores, materiais, grosseiros e efêmeros por um prazer incomensuravelmente maior, mais suave e eterno.** Quando seguimos o primeiro mandamento, portanto, colocamos as coisas espirituais acima das materiais e isso nos coloca em contato com a nossa verdadeira Essência, nos reposicionando nos trilhos da nossa missão na Terra e nos felicitando com a paz espiritual dos justos.

Vale salientar que existe um forte sinergismo entre o "Amar a Deus", " Amar ao próximo" e "Amar a si", pois estes mandamentos áureos se retroalimentam:

1. Não poderemos amar ao nosso próximo, sem amarmos a nós mesmos, se estamos nos desvalorizando e autodestruindo fisicamente através dos vícios.

2. Amar a Deus é amar a si da melhor forma possível, pois percebemos que o nosso Si, não é o corpo físico, mas o espírito imortal que, por sua vez já está mergulhado na Consciência Maior que o eterniza e ilumina.

3. Amar a Deus é amar a si, porque a qualidade de nossa vida melhora infinitamente quando submetemos a nossa pequena vontade pessoal à Vontade maior. Quando nos libertamos dos vícios encontramos o Cristo que habita em nossos corações e nos permitimos ouvir sua voz que nos guia invariavelmente à felicidade nossa e das pessoas que amamos.

4. Quando nos autodestruímos estamos desrespeitando o amor ao próximo porque prejudicamos justamente as pessoas que mais amamos. Nossa esposa, filhos, pais

e amigos são os mais afetados se os trocarmos pela viciação que antecipará a nossa morte física. Esta é outra forma extremamente eficaz de evitarmos o primeiro gole, a primeira mordida compulsiva ou uma relação extra-conjugal: **colocarmos na tela mental a figura da nossa esposa e filhos e perceber o quanto lhes causaremos dor com nossa atitude!**

O maior dos vícios, segundo a pergunta 913 de *O Livro dos Espíritos* é o egoísmo e a maior virtude é o desinteresse pessoal (pergunta 893).

Portanto, a chave da felicidade e da liberdade é **submetermos nossa pequena vontade à Vontade Maior**, que, num nível mais profundo, também é a nossa e, entrando em contato, com o amor que emana dos nossos corações, exteriorizar o Cristo, o Sublime Amor, que nos vivifica e que teve sua maior expressão no meigo Rabi da Galiléia.

O amor, portanto, substituirá todas as nossas necessidades, enchendo de alegria todos os instantes da nossa vida e nos conduzindo rumo ao futuro radiante que a todos nos aguarda.

Fernando Antônio Neves
(médico e conferencista em Recife-PE)

APRESENTAÇÃO

PORQUE ESCREVEMOS ESTE LIVRO

A idéia nasceu após a realização de um curso sobre capacitação de multiplicadores para compreender a questão das drogas, proposto pela USE-União das Sociedades Espíritas do Estado de São Paulo, em razão de uma parceria com a Federação Espírita do Brasil (FEB), em uma grande campanha nacional, engajando a família espírita na questão da drogadição e suas conseqüências, pois se constataram, dentro do movimento espírita nacional, famílias com filhos espíritas envolvidos com as drogas, numa clara alusão de que: "Onde se encontra o ser humano, aí podem existir muitos problemas".

Esta parceria teve o propósito de contribuir profundamente com o esclarecimento sobre as conseqüências do uso de drogas, do conceito das drogas, sua classificação e seus efeitos, sua ação e risco na adolescência e sua influência no meio escolar, visando capacitar os espíritas não só no aspecto físico-orgânico, sócio-afetivo, cultural-econômico e também como ajudá-los, no tocante aos comprometimentos espirituais, não só quando o espírito ainda se encontra encarnado, como também pós-desencarne. A campanha continua atuante.

Na ocasião, em julho de 2004, estruturamos um curso, que, em síntese, é a compilação deste livro. Num total de trinta e duas horas, foi ministrado em quatro fins de semana consecutivos, com um assíduo público de 150 pessoas, dentre as quais não havia só espíritas interessados na questão da drogadição, mas também professores da rede pública e particular de ensino, membros do Conselho Tutelar da cidade de Tupã, todos os conselheiros do Comad (Conselho Municipal Anti-drogas) da cidade de Rancharia e professores da UNESP-Tupã.

Foi apresentada "uma visão geral do homem como ser imortal e inteligente, detentor de experiências, tanto negativas quanto positivas, vividas em existências pretéritas, porém possuidor de livre-arbítrio para agir no bem e no mal no presente e, em conseqüência, influenciar o seu futuro".

Objetivamente "visamos a uma compreensão de que agir com responsabilidade e com acerto depende da compreensão das leis espirituais e da maturidade psicológica do indivíduo".

Alertamos que o ser humano vive cercado de Espíritos capazes de influenciá-lo em seus pensamentos, sentimentos e atos (questão 459 de *O Livro dos Espíritos*), mas que todos podemos selecionar nossas influências, inclinando-nos para o bem ou para o mal.

Esclarecemos, objetiva e detalhadamente, como se poderá perceber neste trabalho, que o uso indevido de drogas decorre dos seguintes fatores, entre outros: a) vinculações espirituais inferiores do pretérito e do presente; b) educação familiar superficial nos aspectos moral, social e cultural; c) más tendências inatas; d) deficiências ou ausência de formação religiosa; e) desinformação a respeito dos malefícios e das conseqüências da dependência química.

Valci Silva

CAPÍTULO 1

FALANDO SOBRE DROGAS

1.1 - O QUE É DOENÇA?

"A doença não é algo que acontece aleatoriamente ao ser humano; é uma forma peculiar de o indivíduo se expressar em circunstâncias adversas.

Assim como suas outras manifestações, o adoecimento humano pode significar um modo de existir ou de coexistir, já que o homem não existe, coexiste.

Cada pessoa tem uma história singular, particular, única, tendo necessidade de contar e ressignificar, ou seja, reprocessar essa história.

Na história singular de cada um estão contidos os conteúdos inconscientes, sua sexualidade, suas condições sócio-econômicas.

Dessa forma, conhecer o doente vai além do entendimento da sua doença, pois vai abranger a pessoa como um todo, sua história, suas aspirações, seus medos, enfim, a sua vida e seu modo de adoecer" (Perestrello, 1980).

1.2 - O QUE É DROGA?

Quantos homens caem por sua própria culpa! (...) Quantos se arruínam por falta de ordem, de perseverança, pelo mau proceder, ou por não terem sabido limitar seus desejos! (...) Quantas doenças e enfermidades decorrem da intemperança e dos excessos de todo gênero!
Allan Kardec: livro O Evangelho Segundo o Espiritismo, cap. v, item 4.

"DROGA: SE FOSSE BOM NÃO TERIA ESSE NOME".

A palavra "droga" em sua origem etimológica significa "mentira, embuste", ou seja, aquele que usa drogas mente a si mesmo, pois se engana crendo libertar-se de situações ou problemas. Antes os cria em abundância.

1. Conceito

- A Organização Mundial de Saúde *(O.M.S)* define como droga qualquer substância que, uma vez introduzida no organismo vivo, pode modificar uma ou mais de suas funções, exceto aquelas necessárias à manutenção da saúde normal.
- Drogas, portanto, nada mais são do que substâncias químicas.
- Podem ser extraídas de plantas ou produzidas artificialmente em laboratórios, geralmente imitando uma molécula encontrada na natureza ou transformando-a.

Drogas são introduzidas no organismo de várias maneiras. Podem ser inaladas, comidas ou bebidas, fumadas, aspiradas ou injetadas.

A via de administração influenciará nos efeitos.

Três tipos de efeitos principais podem ser observados quando se usam drogas:

1. A pessoa fica alerta, atenta, com tendência a falar mais e mais rápido. Sente-se animada, bem disposta e, momentaneamente, mais apta a realizar coisas tidas como difíceis ou desgastantes. Este é o efeito chamado estimulante. Na gíria, se diz que **"as pessoas ficam ligadas"**.

2. A pessoa fica mais relaxada e calma, podendo até, conforme a dose, sentir-se sonolenta e mole. Seus movimentos ficam mais lentos e ela reage pouco aos estímulos. Este efeito é chamado de depressor. Pode se referir a ele com outras palavras - ***sedação ou grogue, dopado etc.*** Como a atuação fica comprometida, a memória também altera.

3. A pessoa passa a perceber as coisas deformadas, muito coloridas, grandes ou pequenas, distorcidas. Seus pensamentos podem ficar parecidos com as imagens dos sonhos, bizarros e sem nexo aparente. É o efeito perturbador do sistema nervoso central que se manifesta principalmente em sua atividade perceptiva. Estas drogas são também chamadas de alucinógenas. Seus usuários costumam descrever esta experiência como *"viagem"*, enquanto a percepção distorcida é chamada de *"visual"*. Quando um jovem diz que está ***"doidão"***, refere-se a este tipo de efeito.

A dependência em drogas é uma doença complexa. É caracterizada por busca compulsiva, algumas vezes incontrolável e seu uso persiste mesmo diante de conseqüências extremamente negativas. Para muitas pessoas a dependência se torna crônica com possíveis recorrências até após longos períodos de abstinência.

O caminho para a dependência nas drogas começa com o ato de experimentar drogas. Ao longo do tempo a capacidade de uma pessoa para escolher não experimentar drogas pode ser comprometida. A procura de drogas torna-se compulsiva em grande parte como resultado dos efeitos de uso prolongado no cérebro, e conseqüentemente no comportamento.

O ABUSO DE DROGAS SEMPRE DENUNCIA DESEQUILÍBRIO PSICOSSOCIAL.

SEGUNDO A O.M.S., CONFORME CLASSIFICAÇÃO INTERNACIONAL, EXISTEM *QUATRO TIPOS DE USUÁRIOS*:

1 - EXPERIMENTADOR :

Limita-se a experimentar a droga, por diversos motivos:

- *Curiosidade.*
- *Desejo de novas experiências.*
- *Pressão do grupo.*

2 - USUÁRIO OCASIONAL:

- *Uso de vez em quando, de um ou vários produtos.*
- *Se o ambiente for favorável e a droga estiver disponível.*
- *Não rompe suas relações afetivas, profissionais ou sociais.*

3 - USUÁRIO HABITUAL OU "FUNCIONAL":

- *Faz uso freqüente de droga.*
- *Em sua vida já há sinais de rupturas em nível afetivo, profissional e social.*
- *Mesmo assim, ele ainda "funciona" socialmente, embora de forma precária.*

4 - USUÁRIO DEPENDENTE OU "DISFUNCIONAL" (TOXICÔMANO)

Vive exclusivamente para e pela droga. Como conseqüência:

• *Rompe-se todos os outros vínculos, o que provoca sua marginalização.*

BREVE HISTÓRICO SOBRE DROGAS

• Há mais de 4.000 a.C os Sumerianos (atual Irã) utilizavam a ***papoula de ópio*** como a *"planta da alegria"*, que traduzia o contato com os deuses.

• 500 anos a.C. tem-se citação de que o povo (habitantes do rio Danúbio/rio Volga - Europa Oriental), queimava **a *maconha*** (cânhamo) em pedras aquecidas e inalavam os vapores dentro de suas barracas ou tendas.

• Na Antigüidade, o ***álcool*** ou mais comumente o vinho, era conhecido como a dádiva de todos os deuses, sendo *Baco o deus do vinho.*

• Aproximadamente no ano de 1.500 *o* ***cactus peyote*** era utilizado em cerimônias religiosas (no descobrimento da América).

• O ***ópio*** foi por muito tempo cultivado livremente por camponeses, por volta do século XVI, como fonte de alívio de sua triste realidade sofredora.

• Na mesma época, os espanhóis utilizavam as ***drogas alucinógenas*** como uma forma de auto-castigo, pois para este povo droga significa *"demônios"*.

• *O* ***ópio*** (morfina/anestésico) incentivado na Guerra Civil Americana (1776) era utilizado para fornecer alívio à dolorosa vida dos soldados.

• Em 1890, iniciou-se a livre comercialização de ***vinho,*** elaborado com extratos de coca e xaropes, com as mesmas composições.

• Em 1914, deu-se a proibição da livre negociação, com isto iniciou-se o mercado negro ilícito (EUA faturaram cerca de 100 a 200 bilhões de dólares).

• Por volta de 1920, os EUA instauraram a **"Lei Seca"**

- proibindo o comércio de álcool - lei esta que se prorrogou por 13 anos.

• Durante a Segunda Guerra, receitas de ***anfetaminas*** *(estimulantes)* eram utilizadas para combater a fadiga.

• ***Barbitúricos/hipnóticos*** (ex: gardenal) tiveram seu auge em 1950; "viva melhor com a química" *(lema utilizado pelos laboratórios).*

• Em 1960 foi o auge do **LSD** *(a era dos ácidos),* muitos psiquiatras receitavam impiedosamente o consumo deste tipo de droga.

• Em 1970 a proliferação da ***cocaína*** e seus derivados, entre eles o ***"crack"***, e mais recentemente aparecendo o ***ecstasy,*** abriu campo para o atual largo consumo de drogas, sendo este último o mais popular entre a classe média e alta, devido ao alto custo da droga.

QUE RAZÕES LEVAM ALGUÉM A USAR DROGAS?

Segundo a Organização Mundial de Saúde (OMS) estarão mais propensas ao uso de drogas as pessoas:

• com saúde deficiente;
• com personalidades vulneráveis ou mal integradas;
• insatisfeitas ou saturadas com a qualidade de vida;
• sem informações adequadas sobre as drogas e seus efeitos;
• com fácil acesso às drogas.

Correrão menos riscos as pessoas:

• com boa saúde;
• bem integradas consigo mesmas, na família e na sociedade;
• com qualidade de vida;

- bem informadas;
- com difícil acesso às drogas.

SITUAÇÕES POSSÍVEIS PARA O USO DE DROGAS

(Livro *Anjos Caídos* -Autor Içami Tiba
10ª edição - Editora Gente)

- A oportunidade surgiu e o jovem experimentou *(curiosidade).*
- O uso de drogas pode ser visto como algo excitante e ousado pelos jovens *(onipotência juvenil).*
- As drogas podem modificar o que sentimos. Esse poder de transformação das emoções pode se tornar um grande atrativo, sobretudo para os jovens *(momento existencial difícil de vivenciar com confiança e segurança).*
- Muitas pessoas acreditam que os jovens usam drogas pela influência de colegas e amigos *(pressão de grupo).*
- O uso de drogas pode ser uma tentativa de amenizar sentimentos de solidão, de inadequação, baixa estima ou falta de confiança.
- Desajustes familiares e deficiência na formação ético-moral dos jovens.

Caro leitor, o texto a seguir, extraído do livro ***Anjos Caídos*, de Içami Tiba, capítulo 4, página 103, 10ª edição, editora Gente,** pode nos dar uma idéia mais precisa ou quem sabe, próxima da realidade, que leva pessoas, especialmente jovens, a experimentar e a se tornar dependentes de drogas em geral.

"Eu posso tudo"

"Saindo do banho de hormônios, ele parte em busca

da sua identidade social. Na infância, o filho adquire o sobrenome; na puberdade, a identidade sexual; na adolescência, o próprio nome. Para ficar bem com o próprio nome, ele busca ligar-se a pessoas com as quais se sente bem. Acaba se incorporando a uma turma, sua nova família.

Quanto mais radical ele for - só querer saber dos amigos e não dos pais ou só se relacionar com a família e não ter amigos - pior ele estará.

Para caminhar é preciso usar duas pernas. Algo não está bem quando se anda numa perna só, seja a que corresponde aos amigos, seja a que corresponde à família. O adolescente saudável caminha com as duas pernas, isto é, tem livre trânsito entre a família e a turma, que podem, inclusive, ser complementares.

A adolescência é como um segundo parto: um nascer da família para entrar na sociedade. Longe dos pais, o adolescente tem a **liberdade** de pôr em prática tudo o que até então recebeu como educação familiar e escolar e, principalmente, o que não podia, e ainda não pode, fazer na presença dos pais.

Na sociedade existem coisas boas e ruins. Uma das piores é a droga. Se o adolescente foi educado com os erros de amor, tem maior risco de usá-la.

Recordando alguns erros de amor: educação permissiva e tolerante; liberdade e poder total para fazer o que quiser; não tolerar frustrações; é mais importante aliviar o sofrimento do que resolver o problema; o que vale é se divertir, porque as responsabilidades são dos pais.

Se diante das drogas o adolescente puser em prática algum desses aprendizados, não há por que não experimentá-las." (grifo nosso)

Ainda citando o mesmo livro acima de Içami Tiba (páginas 20 e 21), ele nos apresenta uma visão de como a criança é seduzida, em regra geral, pelas drogas, especialmente pela bebida alcoólica.

"A lenta sedução".

"Pense num comercial de cerveja". É alegre, cheio de pessoas bonitas e sorridentes em clima de festa. O marketing vende uma imagem positiva da bebida. Depois de assistir à propaganda, a criança associa a cerveja à alegria.

Assim como uma triste cena a emociona, a cena alegre a deixa feliz. Desperta a vontade de viver aquela alegria.

A criança não estabelece uma avaliação crítica do que vê na telinha... Acha tudo absolutamente natural.

Para completar ela observa adultos bebendo cerveja com satisfação, quase repetindo o esquema da TV, o que tem um efeito muito forte sobre ela.

Fica dentro dela a seguinte idéia: quando eu crescer, vou tomar cerveja.

É interessante observar que nas brincadeiras de casinha, por exemplo, costuma aparecer uma figura com bebida na mão.

Assim nasce a formação de opinião sobre a cerveja, a criança engole esses elementos que, no futuro, despertarão para fazê-la sentir-se seduzida pela bebida.

"A paquera já começou... "

Por isso, deveria ser terminantemente proibida a veiculação de comerciais de bebidas, fumos etc., em qualquer horário da programação de rádios e tvs.

"Muito raramente a criança associa a cerveja com bebidas que provocam alcoolismo, embriaguez, um problema que ela vê nos filmes, mas raramente em comerciais. Em geral, não raciocina tendo em vista as conseqüências".

Como se vê, as pessoas recorrem às drogas por razões muito diversas, às vezes até contraditórias. (grifo nosso)

Naturalmente em nossa sociedade há muitas razões que são legítimas, como por exemplo, para aliviar a dor, mas que mesmo assim podem levar ao abuso. Ou em outros casos, a legitimidade pode servir mais como pretexto, como por exemplo, o álcool serve para divertir, mas também para embriagar.

O uso de drogas ilegais, no entanto, nunca pode ser considerado como legitimado. Mesmo com drogas aceitas, toleradas ou até incentivadas pela sociedade é possível chegar ao abuso. (grifo nosso)

As razões ou pretextos invocados são muitos, mas todos têm algo em comum:

- Fuga diante de dificuldades sociais, familiares ou pessoais.
- O uso e o abuso de drogas representa o beco sem saída, provocando danos físicos, morais, sociais e espirituais.
- Leva aos poucos ao isolamento, à marginalização, à decadência ou à delinqüência e mesmo à morte.

É um processo de autodestruição, que pode ter êxito fatal, se não for possível interrompê-lo e combatê-lo. A pessoa que se torna dependente raramente tem consciência deste processo, razão pela qual precisa de ajuda:

- Aprender a resistir à tentação do consumo contínuo.
- Entender as dificuldades diante das quais tentou fugir.
- Conseguir a ressocialização.

É muito importante ressaltar que todas as substâncias químicas - drogas - alteram o funcionamento do organismo. **Mas só as drogas que produzem prazer levam à dependência. [Quanto mais prazer ela proporcionar e menos tempo esse prazer durar, maior será o poder viciante da droga.]**

Se não fosse por causa do prazer, ninguém se tornaria dependente. Por muitas décadas se teve medo de afirmar tamanha ousadia, pois se acreditava que ao se admitir tal fato, as pessoas, desenfreadamente, procurariam pelas drogas. O tempo provou que não, pois os fatores que levam alguém ao uso de drogas são multifatoriais.

"Você conhece alguém dependente de antibióticos?"

É bom lembrar que a busca de bem-estar faz parte da vida de todos nós. O problema é buscar este bem-estar nas drogas. Se um adolescente ou uma pessoa qualquer precisa de tais meios, é porque há algo errado nas relações do seu dia-a-dia. Em geral o uso de drogas revela sempre desajustes psico-sócio-emocionais.

O consumo de drogas deve ser compreendido como conseqüência das dificuldades pessoais, familiares e sociais do indivíduo. *A droga não é causa e sim fator precipitante.*

No livro *As Drogas e Suas Conseqüências*, Editora Fonte Viva- BH.MG, o Dr. Roberto Silveira diz que, sem desejar apressar conclusões, não será prematuro afirmar que a dependência e a tolerância são uma questão de vontade.

Uma questão que possui raízes bem profundas nos campos metafísicos da conceituação da vida. Diz que eles são neuróticos, personalidades fracas e impiedosamente abandonadas, que procuram nas substâncias tóxicas o alívio para seus variados e desagradáveis sintomas.

Afirma que, de um modo geral, dois tipos de pessoas

entram na droga. Uma é de natureza psicopática, já com tendência toxicófila. É aquela pessoa cujo médico receita uma aspirina e ela toma dez, receita-se qualquer coisa e ela toma tudo em excesso. Este é o verdadeiro toxicômano, é o verdadeiro dependente. Mas existe aquele que entra na droga por fantasia, por fuga, casualidade, por protesto contra os pais e a sociedade. Estes, de um modo geral, encontram a recuperação.

O consumo de drogas pode, então, ser definido como o encontro de três fatores básicos:

- A droga e seus efeitos.
- O indivíduo e seus problemas.
- A sociedade e suas contradições.

1.3 - O QUE FAZER?

Na família - (*não se deve fazer*)

- Prender o filho no quarto durante o fim de semana.
- Brigar, bater.
- Vigiar todos os seus passos. Ele precisa aprender a se auto-administrar.
- Revistar suas coisas e roupas.
- Ir atrás dele nos lugares que normalmente freqüenta.
- Proibir seus amigos de freqüentar a casa.
- Chamar a polícia "para dar um susto nele".
- Internar em clínicas psiquiátricas, mas sim em clínicas especializadas.
- Expulsá-lo de casa.
- Fingir que nada está acontecendo.

A falta de comunicação entre pais e filhos não permite àqueles compreender apelo e desamparo. Destes tudo é recebido como reclamação ou agressão. Então, aparecem muitas soluções mágicas:

• "Já fizemos tudo que podíamos, só um milagre pode salvar nosso filho" (se tiver que ser um milagre será o milagre do amor).

• "Uma cartomante falou que fizeram um trabalho para ele, por inveja. Ela prometeu desfazê-lo".

• "Doutor, o senhor *é a nossa última esperança*. Será que, se nós o deixarmos aqui em um mês, ele estará bom?"

DIMINUINDO CASTIGOS

A prevenção ao uso indevido de drogas, ao contrário do que muitos pensam, *não começa na adolescência,* mas no momento em que a criança começa a participar da família, fazendo suas artes e teimosias.

Na difícil arte de criar os filhos, os adultos, muitas vezes, acabam usando recompensas e castigos, achando ser esta a melhor forma de educar.

Piaget, em 1932, escreveu que os adultos reforçam a ***heteronomia*** (sistema de ética segundo o qual as normas de conduta provêm de fora) das crianças quando usam recompensas e castigos e estimulam a autonomia quando intercambiam (trocam) pontos-de-vistas com as crianças e adolescentes.

Por exemplo: no caso da criança que mente, os pais devem evitar usar castigos.

A criança terá a possibilidade de pensar sobre a importância da honestidade se, ao invés de ser punida, *for confrontada,* de forma firme, mas afetiva, com o fato de que outras pessoas não poderão acreditar ou confiar nela.

PUNIR E CASTIGAR A CRIANÇA PODE TER TRÊS CONSEQÜÊNCIAS INDESEJADAS:

1. Cálculo de riscos - *a criança tende a repetir o ato, mas tentar neste caso, poderá se transformar num jovem que desenvolve habilidades incríveis de enganar os adultos, agir e até fazer uso de drogas sem ser descoberto.*

2. Conformidade cega - *por medo, a criança torna-se conformista e incapaz de tomar decisões. Aprende a calar, a aceitar sem questionamentos tudo o que lhe dizem, e acreditar em conclusões ilógicas, em slogans e em propagandas enganosas. Corre-se o risco de acreditar e confiar em grupos suspeitos habituados à vadiagem, geralmente envolvidos com problemas de drogas e de vandalismo.*

3. Revolta - *crianças que, por muitos anos, se comportam bem, num determinado momento, geralmente na adolescência, decidem que chegou a hora de "começar a viver por si próprias", cansadas que estão de satisfazer os pais o tempo todo. Começam, então, a desenvolver comportamentos que caracterizam a delinqüência.*

Nesses três casos, os pais estarão formando jovens suscetíveis às opiniões e pressões do grupo.

Em vez de desenvolverem nos filhos a autonomia: que é a capacidade de governar-se a si mesmo, com a vantagem de - levando em consideração os fatos relevantes e os pontos de vista de outras pessoas - o indivíduo poder tomar decisões verdadeiramente melhores para si.

O QUE É DEPENDÊNCIA

A dependência faz parte da natureza do homem.

• Uma criança quando nasce, precisa de cuidados e proteção. Ao contrário, não sobrevive.

• Toda a evolução do ser humano parte desse estado de desamparo original.

• Durante nossa vida criamos relações de dependência com objetos, pessoas e situações.

• Algumas dessas relações são importantes para o nosso bem-estar, outras causam grandes prejuízos.

Algumas pessoas não encontram na família, nos amigos e nos parceiros as respostas para suas necessidades; então recorrem aos produtos químicos.

Estes produtos dão a ilusão de que todos os problemas foram resolvidos.

• Na falta dessa "poção mágica", estas pessoas são invadidas por sintomas desagradáveis, que vão do nervosismo, ansiedade, inquietação ao impulso incontrolável de obtê-la a qualquer custo (síndrome de abstinência).

Neste estágio depende-se intensamente dos efeitos da droga.

• *O alcoolismo é um exemplo.* Após alguns anos de uso regular de bebidas alcoólicas, determinado indivíduo começa a apresentar tremores, ansiedade, suores, dores musculares, mal-estar generalizado e vontade incontrolável, logo ao acordar, de tomar um gole. Estes sintomas caracterizam a chamada *"síndrome de abstinência"*, significando que:

Quando uma droga é utilizada em quantidade e freqüência elevadas, o organismo estabelece novo equilíbrio em seu funcionamento, adaptando-se a sua presença e os tais sintomas ncia ocorrem por causa da queda deste novo equilíbrio, após a retirada brusca da droga.

É um sinal de que a relação do organismo com o produto já evoluiu para dependência física. O organismo se adaptou de tal forma à presença da droga que funciona mal sem ela.

A dependência física não ocorre só com o álcool, mas também com outras drogas: opiáceos, barbitúricos, fumo, etc.

Nem todos os psicotrópicos (drogas que têm efeitos entorpecentes) levam à dependência física. O mais importante, no caso, é que todos levam a estado modificado do psiquismo, do qual a pessoa passa a depender.

A dependência fundamental, então, é a dependência psíquica:

- O impulso incontrolável de continuar a usar a droga.

A dependência em drogas é uma doença complexa. É caracterizada por busca compulsiva e algumas vezes incontrolável e uso que persiste mesmo diante de conseqüências extremamente negativas. Para muitas pessoas a dependência se torna crônica com possíveis recorrências até após longos períodos de abstinência.

O caminho para a dependência nas drogas começa com o ato de experimentar drogas. Ao longo do tempo a capacidade de uma pessoa para escolher não experimentar drogas pode ser comprometida. A procura de drogas torna-se compulsiva em grande parte como resultado dos efeitos de uso prolongado no cérebro e, conseqüentemente, no comportamento.

Esta introdução ao capítulo drogas nos leva ao tema:

1.4 - AS DROGAS E SUA CLASSIFICAÇÃO

A existência de várias classificações para as drogas é um indício de que nenhuma é satisfatória.

Uma das mais utilizadas, no Brasil, é a seguinte:

CATEGORIAS DE DROGAS

Depressoras	**Estimuladoras**	**Perturbadoras**
Bebidas alcoólicas	Cocaína	Maconha
Calmantes	Anfetaminas	Ácido Lisérgico
Codeína	Cafeína	Ayahuasca
Barbitúricos	Crack	Cogumelo
Inalantes	Nicotina	ecstasy

DROGAS DEPRESSORAS

As drogas depressoras são assim chamadas por diminuir e deprimir a atividade geral do cérebro.

O uso de tais drogas deixa a pessoa sedada, relaxada, mole.

Um dos efeitos de drogas depressoras, que ocorre junto com sedação, é vivenciado como capacidade de desligar-se dos problemas. Assim a pessoa sente-se mais à vontade em situações penosas.

Há ainda drogas depressoras de uso corriqueiro: bebidas alcoólicas, medicamentos calmantes *(tranqüilizantes ou ansiolíticos),* xaropes e medicamentos com codeína (*um derivado do ópio),* aqueles que contêm barbitúricos *(soníferos anticonvulsivantes e analgésicos).*

Bebidas alcoólicas (teremos um capítulo à parte)

Como se sabe o uso de bebidas alcoólicas é tolerado em nossa sociedade.

O efeito desinibidor é facilmente obtido com bebidas

alcoólicas. Por isso elas são tão usadas em reuniões sociais.

O uso crônico de doses altas leva ao desenvolvimento de dependência física e psíquica.

A suspensão abrupta pode desencadear a *síndrome de abstinência,* deixando a pessoa confusa e com visões assustadoras. Quando este quadro está completamente instalado, é conhecido como *delirium tremens.*

CALMANTES (ANSIOLÍTICOS OU TRANQÜILIZANTES)

As substâncias mais utilizadas como calmantes, hoje em dia, são derivadas do Diazepan. Estes e seus derivados (os benzodiazepínicos) são usados como medicamentos para controlar a ansiedade, sendo assim chamados de ansiolíticos.

Calmantes deste tipo, em uso prolongado e com doses altas, podem levar à dependência psíquica e física.

Tudo deve ser feito com rigoroso acompanhamento médico.

XAROPES E MEDICAMENTOS COM CODEÍNA.

A codeína é extraída do ópio, assim como a morfina.

A codeína entra na fórmula de vários medicamentos e xaropes por causa de suas propriedades no combate à tosse e a espasmos dolorosos (cólicas).

Além destas, ela induz efeitos mais ligados ao funcionamento psíquico: *sonolência, lentidão, diminuição geral das reações aos estímulos, inclusive à dor, sensação de leveza, de euforia, etc.*

Os xaropes mais usados atualmente pelos jovens com a finalidade de adicção são o *Eritós* e o *Tussiflex.*

Recentemente, sua venda foi regulamentada pelo governo e submetida à receita médica.

MEDICAMENTOS COM BARBITÚRICOS

Atualmente seu uso foi abandonado à medida que foram produzidas substâncias mais seguras neste aspecto.

Mas foram indutores de muitas ocorrências de "overdoses" *(como por superdosagem),* principalmente em tentativas de suicídios.

Atualmente os barbitúricos são usados em anestesia e como anticonvulsivantes *(antilépticos, exemplo: gardenal).*

Alguns medicamentos analgésicos, porém, mantêm barbitúricos em suas fórmulas, pois a depressão do sistema nervoso ajuda a suportar as dores.

Foi o caso do *Optalidon,* que continha barbitúrico em sua fórmula.

O medicamento *Tonopan,* indicado para combater enxaquecas, também contém elementos barbitúricos.

INALANTES

Existem dois tipos principais.

1) Formado por substâncias voláteis, como o éter e o clorofórmio que, misturados, resultam na droga conhecida como *"cheirinho-da-loló."*

2) É representado por substâncias usadas na indústria como solventes, diluentes e colantes: gasolina, fluido para isqueiro, acetona, massa plástica, clorofórmio, lança-perfume, éter, spray para cabelos, desodorantes. ***O exemplo principal é a cola de sapateiro.***

O uso dessas substâncias determina dependência psíquica e desenvolvimento de tolerância. A alta dosagem pode causar asfixia.

Depois do álcool e do tabaco, os inalantes são as substâncias tóxicas mais utilizadas por crianças e jovens brasileiros que buscam novas e diferentes sensações.

Possíveis efeitos:

Descompasso da respiração fornecendo uma sensação de estrangulamento, palpitação do coração, impulsividade, irritabilidade, fala arrastada e podem ser presenciados estados psicóticos.

Pode causar:

Asfixia, ilusões, delírios, alucinações, parada cardíaca, acidentes, colapso de órgãos, distúrbios neuropsicológicos, perda de coordenação motora.

DROGAS ESTIMULADORAS

Drogas deste tipo ***"estão na moda"*** em nossa sociedade, pois dão às pessoas sensação de que possam competir e buscar posições de destaque, com a impressão de:

- Serem mais fortes,
- renderem no trabalho e
- tornarem-se mais corajosas.

Os principais representantes deste grupo são:

- Cocaína
- As anfetaminas
- Cafeína *(estimulante fraco)*
- Crack
- Nicotina

COCAÍNA

O dossiê anual da Organização das Nações Unidas - UNODC (Escritório das Nações Unidas contra Drogas e Crime - Junho de 2006) - declara que o consumo de cocaína apresentou tendências distintas de relatório anterior, que o uso da referida droga vem permanecendo relativamente estável desde 1990 (variou de 14 milhões no final dos anos 90 para 13,4 milhões no ano de 2005). O relatório faz também, anualmente, uma atualização dos dados de produção de drogas no mundo. Eles mostram, por exemplo, que Bolívia, Peru e Colômbia continuam monopolizando a produção de cocaína, que é exportada principalmente para os Estados Unidos por várias rotas na América do Sul.

A cocaína é uma droga sintetizada em laboratório *(no ano de 1862, pelo químico Albert Niemann)* e sua matéria-prima é a folha de um arbusto denominado erytroxylon coca (folha de coca), nativa dos Andes, onde mascar as folhas é tradição.

- Por ser apresentada na forma de pó branco, muitas vezes misturadas a outras substâncias, é chamada simplesmente de pó.
- Pode ser aspirada *(por via nasal)* ou diluída em água, injetada na veia *(pico).*

Ela dá ao usuário a sensação de:

- Força e potência.
- Afastar o sono.
- Eliminar a fome.

Por fazer a pessoa sentir-se destacada, é também chamada de **"brilho"** ou **"realce"**.

Compartilhar agulhas com outros usuários pode levar à contaminação de agentes infecciosos, como:

- O vírus da Hepatite.
- O vírus da AIDS.

No início do século XX, a cocaína era livremente comercializada como um remédio comum, mas logo apareceram as primeiras mortes por causa do abuso do consumo. Em meados da década de 90, o número de usuários alcançou a marca de 14 milhões de pessoas, que consumiam quase 500 toneladas da droga a cada ano (ver o filme: Profissão de Risco)

CRACK

O nome vem do barulho que ele faz sendo queimado para ser consumido.

Princípio ativo:

O crack é uma mistura de cocaína em forma de pasta não refinada com bicarbonato de sódio.

- Esta droga se apresenta na forma de pequenas pedras e pode ser até cinco vezes mais potente do que a cocaína. O efeito do crack dura, em média, dez minutos.
- Sua principal forma de consumo é a inalação da fumaça produzida pela queima da pedra.
- É necessário o auxílio de algum objeto como um cachimbo para consumir a droga, muitos desses feitos artesanalmente com o auxílio de latas pequenas, garrafas plásticas e canudos ou canetas.
- Os pulmões conseguem absorver quase 100% do crack inalado.

Você já deve ter ouvido falar e até mesmo pode conhecer a cantora americana Whitney Houston, de voz exuberante e doce, de origem da estirpe de cantoras como sua mãe Sissy Houston. Foi uma das maiores artistas da sua geração, dos anos 80 e 90. Fez muitos sucessos como "I Wanna Dance with Somebodoy", com mais de 100 milhões de discos vendidos.

A cantora nos anos 90.

A superstar Whitney Houston mergulhou no mortal crack - como mostram as imagens chocantes do jornal SUN, de junho de 2006 .

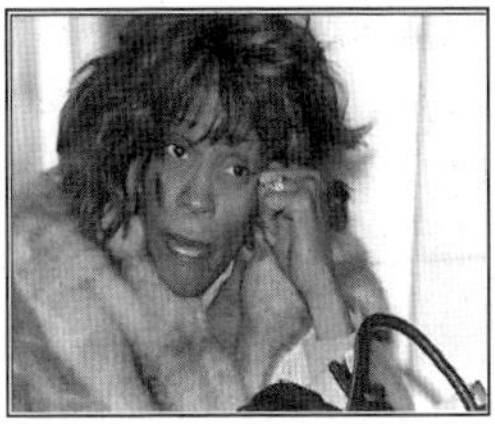

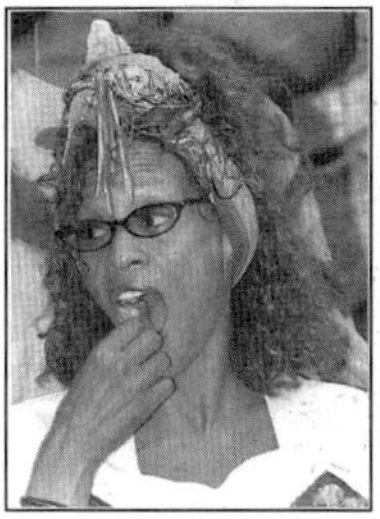

A cantora com 42 anos de idade, no período intenso de uso de crack.

Cachimbo para crack, papéis para enrolar, colheres de cocaína, guimbas de cigarro, tudo espalhado. Essa era a rotina de Whitney, quando tinha 42 anos de idade, mas que não dava a mínima para sua condição de miserabilidade.

Viveu, "um frangalho paranóide" viciada em crack. As drogas devastaram a antiga beleza. Um trapo com olheiras bem escuras e uma aparência esculachada. Regularmente desaparecia por dias e semanas para fumar crack em tocas de locais perigosos da cidade. Gastou muito dos milhões duramente ganhos em sua carreira.

Quando doidona por causa das drogas, pensava

que estava vendo demônios batendo nela. A triste verdade é que ela mordia e socava o próprio corpo sem se dar conta disto.

A artista que começou aos 11 anos no coro de igreja, foi encorajada por uma família de cantoras famosas, como sua mãe Sissy Houston, sua prima Dionne Warwick e a madrinha Aretha Franklin.

Tragicamente, Whitney, enlouquecida pelas drogas, recusou por muito tempo todas as ofertas e apelos para se manter limpa e se reabilitar.

Whitney Houston
(Janeiro de 2009)
Retoma a carreira em maio de 2008.
Num show em Londres no dia 8/05/2008 Whitney Houston arrasou na performance. Ela ainda surpreendeu na apresentação ao chamar no palco a filha para fazer um dueto na música "My love is your love".

Sempre há esperanças de reabilitação.

EFEITOS DO CRACK:

- Os primeiros efeitos do crack são uma euforia plena que desaparece repentinamente depois de um curto espaço de tempo, sendo seguida por uma grande e profunda depressão.
- Por causa da rapidez do efeito, o usuário consome novas doses para voltar a sentir uma nova euforia e sair do estado depressivo.
- O crack também provoca hiperatividade, insônia, perda da sensação de cansaço, perda de apetite e,

conseqüente, perda de peso e desnutrição.

• Com o tempo e uso constante da droga, aparecem um cansaço intenso, uma forte depressão e desinteresse sexual.

• Os usuários de crack apresentam um comportamento violento, são facilmente irritáveis.

• Tremores, paranóia e desconfiança também são causados pela droga.

• Normalmente, os usuários têm os lábios, a língua e a garganta queimados por causa da forma de consumo da substância.

• Apresentam também problemas no sistema respiratório como congestão nasal, tosse, expectoração de muco preto e sérios danos nos pulmões.

• O uso mais contínuo da droga pode causar ataque cardíaco e derrame cerebral graças a um considerável aumento da pressão arterial.

• Contrações no peito seguidas de convulsões e coma também são causadas pelo consumo excessivo da droga.

• Ao contrário da maioria das drogas, o "crack" não tem sua origem ligada a fins medicinais: ele já nasceu como uma droga para alterar o estado mental do usuário.

• Ele surgiu da cocaína, feito por traficantes no submundo das favelas e guetos das grandes cidades sendo, portanto, difícil precisar quando e onde realmente ele apareceu pela primeira vez.

• Existe uma variação do crack que tem um poder alucinógeno ainda maior, trata-se de uma droga chamada *merla*.

• A merla apareceu pela primeira vez nas favelas do grande ABC em São Paulo e é feita com sobras do refino da cocaína misturada com querosene e gasolina

"É CONSIDERADA, NA ATUALIDADE, A DROGA MAIS PERIGOSA E MORTAL DO MERCADO".

ANFETAMINAS

Princípio ativo:

- São diversos os tipos de anfetaminas no mundo, não existindo uma única substância que as caracterize.
- A metanfetamina é uma das mais difundidas nos Estados Unidos. Ela é normalmente fumada com a ajuda de um cachimbo e é conhecida como **"ICE"**.
- Na Europa, principalmente na Holanda e Inglaterra, a anfetamina mais comum é a **metilenodioximetanfetamina**, que é usualmente ingerida com bebidas alcoólicas.

Efeitos das anfetaminas *(são similares aos efeitos da cocaína)*

- O efeito que caracteriza as anfetaminas é o aumento da capacidade física do usuário, ou seja, a pessoa sob efeito da droga é capaz de praticar atividades que normalmente não conseguiria.
- Isso ocorre porque as anfetaminas aumentam a resistência nervosa e muscular do usuário, aumentam também a capacidade respiratória e a tensão arterial, deixando a pessoa "ligada".
- Apesar de parecer um benefício, esse aumento geral da capacidade é ilusório, já que acaba com o fim do efeito da droga, levando o usuário a extrapolar os reais limites do corpo, o que se torna nocivo. Além disso, ao perceber que "perdeu" sua força, o usuário entra em depressão e busca novas doses da droga para voltar a ter um aumento da capacidade e da autoconfiança.
- Doses maiores da droga intensificam seus efeitos e deixam o usuário mais agressivo, irritado e com mania de perseguição *(delírio persecutório)*.
- Se as doses forem ainda maiores, podem provocar

delírios e paranóias, estado conhecido como psicose anfetamínica.

• Fisicamente, as anfetaminas causam taquicardia, dilatação excessiva das pupilas e palidez, além de também causarem insônia e perda de apetite.

• O uso contínuo da droga pode levar à degeneração das células cerebrais, causando lesões irreversíveis ao cérebro.

• **São usadas em medicamentos para emagrecer.** (Anorexígenos ou moderadores de apetite).

TABACO/NICOTINA
(VIDE CAPÍTULO 4, SOBRE TABAGISMO)

Princípio ativo:

A principal forma de consumo de tabaco é através do cigarro que contém, além da nicotina, um grande número de substâncias tóxicas como:

• O alcatrão e
• o monóxido de carbono.

Além do cigarro, o tabaco pode ser mascado e também aparece em pó, o rapé, que é aspirado pelo consumidor.

O tabaco é uma planta de nome científico ***nicotina tabacum***. Dessa planta é extraída a nicotina que, junto com muitas outras substâncias, como o alcatrão e o monóxido de carbono, são responsáveis pelos malefícios do cigarro.

Efeitos do tabaco/nicotina:

• A nicotina age no sistema nervoso central e dá um pequeno estímulo no usuário.

• Apesar de ser um estimulante, a nicotina causa também relaxamento no consumidor, já que provoca a diminuição do tônus muscular.

• Outro efeito causado pelo consumo do tabaco é a perda de apetite.

Efeitos da nicotina:

- Prejudica a digestão;
- causa também o aumento dos batimentos cardíacos, da pressão arterial e da freqüência respiratória;
- provoca tremores, insônia, náuseas, diarréia, vômitos, cefaléia, tontura, fraqueza, dor no peito;
- traz sérios danos ao sistema respiratório, podendo causar doenças como a pneumonia, enfisema pulmonar e infecção das vias respiratórias;
- o tabaco apresenta ainda diversas substâncias que podem causar câncer em diversas partes do corpo como a *boca, esôfago, laringe, pulmão, rins, pâncreas e bexiga.*

A pessoa que pára de consumir tabaco bruscamente pode sofrer uma forte síndrome de abstinência: *reações do corpo à falta da nicotina* que causa:

- Irritabilidade.
- Agitação.
- Tontura.
- Insônia.
- Dor de cabeça.
- Prisão de ventre.
- Sudorese.
- Dificuldade de concentração.
- Um desejo quase incontrolável de consumo do cigarro.

Na gravidez: O consumo do tabaco pode trazer sérias conseqüências ao feto, já que ele absorve, antes mesmo de nascer, as substâncias tóxicas do cigarro através da placenta. Por causa disso:

- O feto pode nascer abaixo do peso e da estatura normais.
- Existe também o risco de alterações neurológicas consideráveis no futuro recém-nascido.

• Aborto espontâneo e complicações são riscos maiores entre gestantes que fumam.

• As substâncias tóxicas do cigarro aparecem também no leite materno de mães fumantes.

2. - DROGAS PERTURBADORAS (OU ALUCINANTES).

Com efeitos também chamados de psicodélicos, as drogas perturbadoras tiveram seu uso popularizado na década de 60, com o movimento hippie.

A distorção de formas e cores *(alucinações)* proporcionada pelos alucinógenos é tida, por alguns, como meio de entrar em contato com o *"sobrenatural"* e ter compreensão dos *"mistérios"* do universo. Alucinações são sintomas similares a distúrbios mentais graves.

TABELA DE CLASSIFICAÇÃO DAS DROGAS PERTURBADORAS (OU ALUCINANTES)

A dependência de drogas é uma doença complexa. É caracterizada por busca compulsiva e algumas vezes incontrolável e uso que persiste mesmo diante de conseqüências extremamente negativas. Para muitas pessoas a dependência se torna crônica com possíveis recorrências inclusive após longos períodos de abstinência.

O caminho para a dependência das drogas começa com o ato de experimentar drogas. Ao longo do tempo, a capacidade de uma pessoa para escolher não experimentar drogas pode ser comprometida. A procura torna-se compulsiva em grande parte como resultado dos efeitos de uso prolongado no cérebro e, conseqüentemente, no comportamento.

ÁCIDO LISÉRGICO (LSD) - DROGAS PERTURBADORAS

Lucy in the Sky with Diamonds, como é conhecido popularmente, ou ácido lisérgico dietilamida.

Pouco comum entre nós, pode provocar efeitos muito fortes, como alucinações e, às vezes, idéias de perseguição.

É apresentado em pequenas pílulas ou pedacinhos de papel embebidos na substância.

Seus efeitos se distribuem ao longo de três fases:

1ª fase: ação fora do SNC, com aumento do ritmo cardíaco, pupilas dilatadas e temperatura elevada.

2ª fase: efeitos sensoriais, com distorções sensoriais e pseudo-alucinações. Geralmente pode ocasionar uma mistura de informações sensoriais, chamada sinestesia, que provoca sensações como ouvir uma cor, ver um som, etc.

3ª fase: o raciocínio é interrompido, surgem as verdadeiras alucinações e até episódios psicóticos, além do medo de despersonalização e da perda de identidade.

A maconha está cada vez mais potente, alerta a ONU.

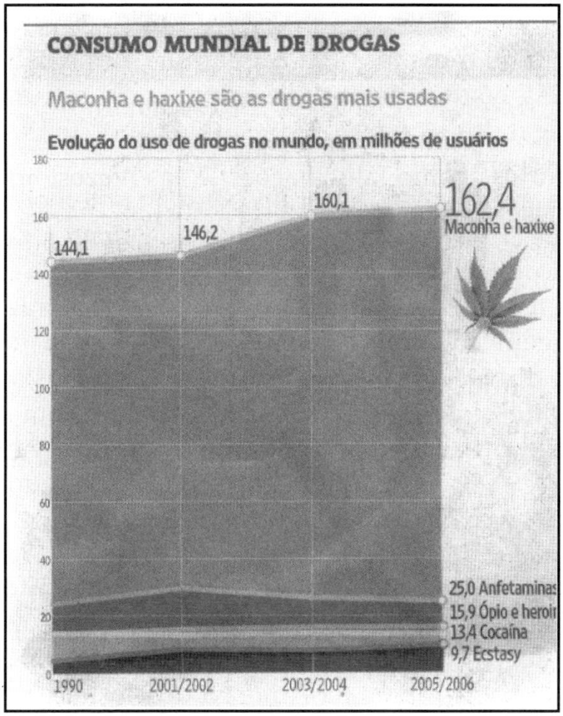

Efeitos nocivos da droga mais consumida no mundo são subestimados, diz estudo.

Dossiê anual da Organização mostra que o número de usuários ficou estável pela primeira vez nos últimos 25 anos e que estabilizou em cerca de 200 milhões, o que representa cerca de 5% da população com idade entre 15 e 64 anos.

No entanto, as drogas mais usadas no mundo, **a maconha e o haxixe**, estão cada vez mais potentes. Esses dados constam do Relatório Mundial de Drogas de maio de 2006, produzido anualmente pelo UNODC (Escritório das Nações Unidas contra Drogas e Crime), divulgados em 27 de junho de 2006.

Segundo o relatório, as drogas que têm como origem a cannabis, como a maconha e o haxixe, eram encontradas em quase todos os países e consumidas por 162,4 milhões de pessoas em 2004 e 2005.

"Os traficantes investiram pesadamente no aumento da potência da cannabis para torná-la mais atraente. O resultado foi devastador: hoje, as características da cannabis não são tão diferentes das encontradas em outras drogas com origem em plantas, como a cocaína e a heroína", afirma o diretor do UNODC, Antonio Maria Costa.

Em 1989, menos de 5% das amostras tinham nível de THC da droga superior a 9%. Em 2004, esse percentual chegou a 34%. O relatório cita também estudos feitos na Holanda e no Canadá que chegaram a conclusões semelhantes.

No Brasil, a coordenadora de programas da UNODC, Cíntia Ferreira, explica que é preciso avançar mais nos estudos sobre a droga para saber se o mesmo fenômeno verificado na Europa e na América do Norte se repete no país.

O relatório cita ainda o aumento da busca por tratamento de cannabis nos Estados Unidos e Europa e diz que seus efeitos foram subestimados no passado.

Entre os novos efeitos colaterais da droga citados pelo UNODC, aparecem casos de início de psicose em pessoas vulneráveis, sintomas de esquizofrenia, ataques de pânico, paranóia e outros sintomas psicóticos.

O Brasil aparece com pouco destaque no relatório Mundial de Drogas de 2006 por não ser um país significativamente produtor de nenhuma droga e com consumo abaixo da média mundial em quase todas as comparações. Comparando o consumo de cannabis ou cocaína, o percentual de usuários no país é menos do que a média de seus vizinhos. Apenas 1% dos brasileiros faz uso de cannabis (especialmente maconha) e 0,4%, de cocaína.

Comparando apenas os países da América do Sul, no entanto, o país aparece como o de mais alto percentual da população fazendo uso de opiáceos: 0,6%. As drogas mais conhecidas como opiáceos são aquelas derivadas da papoula. A mais utilizada de maneira ilícita é a heroína. Seus principais efeitos são a diminuição da dor e da atividade cerebral. Por essa razão, muitas têm sua utilização liberada para uso médico, como a morfina, a codeína ou o propoxifeno.

O Relatório do UNDOC ressalva que o problema no Brasil não é o uso de heroína, que é muito baixo, mas sim, a utilização dessas outras substâncias originadas da papoula, como a morfina e a codeína.

MACONHA

A maconha é o preparado de folhas e flores da planta chamada cânhamo ou "cannabis sativas".

Nela contém uma substância chamada THC (tetrahidrocanabinol) que é a principal responsável pelos efeitos da droga no organismo humano.

- Pode ser inalada pela fumaça ou ser
- ingerida em forma de chá ou comprimidos;
- ou ser fumada por cigarros feitos artesanalmente pelos próprios usuários.

1. A maconha, como a maioria das drogas, tem seus primeiros indícios há mais de cinco mil anos, quando povos, como os chineses e persas, usavam a droga como incenso em cerimônias religiosas.

2. Seu uso na medicina perdurou até o início do século XX, quando a droga passou a ser consumida apenas para alterar o estado mental do usuário.

3. Em todo o ocidente a droga foi proibida na década de 40.

4. Nos anos 70, os hippies começaram a usar a maconha não só para alterar seu estado mental, mas também como uma demonstração de protesto contra o sistema social e político vigente na época.

5. Hoje existem diversos defensores da legalização do uso da droga.

6. Suíça, Holanda e mais recentemente Portugal regulamentaram o uso, gerando um grande acesso de dependentes ao serviço público.

7. Em alguns países *(América Central e Ásia)* a droga é considerada sagrada em algumas cerimônias religiosas.

Hoje a droga ainda apresenta funções na medicina, como no tratamento da epilepsia e no abrandamento dos efeitos colaterais no tratamento do câncer, como vômitos e náuseas. É importante ressaltar que não é a maconha propriamente dita que é utilizada para aliviar tais sintomas, mas um derivado químico do THC.

INFORMAÇÕES CIENTÍFICAS SOBRE A MACONHA

Muitos jovens desconhecem quase tudo sobre a maconha e usam-na ingenuamente:

1. O THC atravessa a barreira placentária e atinge o feto, causando distúrbios cerebrais, além de fissuras no céu da boca.

2. O THC atinge a criança através do leite materno

3. O THC atinge os linfócitos, diminuindo a imunidade do organismo.

4. A maconha tem, a mais que o tabaco, 605 substâncias altamente cancerígenas como o benzantreceno e o benzopireno.

5. O THC impede a síntese do DNA, que é material genético essencial para o metabolismo celular.

6. O THC age no centro da fome, no hipotálamo, aumentando o apetite, especialmente para doces *(é uma fome química)* que faz com que o usuário queira comer mesmo que tenha se alimentado antes de canabizar (fumar), portanto é uma fome que independe dos níveis de glicemia *(fome natural).*

7. O THC aumenta a freqüência cardíaca, podendo chegar a dobrar a pulsação.

8. O THC interfere diretamente na produção, transmissão e armazenamento de neurotransmissores, que são mensageiros químicos dos impulsos nervosos entre bilhões de células nervosas que compõem o cérebro e a medula espinhal.

9. O THC produz uma certa fraqueza muscular, caracterizada como "moleza" facilmente constatável: ao se colocar de pé, com os pés juntos e olhos fechados, o canabista (fumador de maconha) tende a cair.

10. Produz hiperemia das conjuntivas oculares (o branco do olho fica vermelho).

11. Diminui a produção de saliva, secando a boca, dando uma forte sensação de sede.

12. O uso prolongado da maconha pode provocar:

- Uma redução no tamanho e peso da próstata e testículos.
- Uma diminuição da testosterona (alterando o apetite sexual).
- Uma diminuição de espermatozóides.

13. Na mulher traz alterações hormonais chegando até a inibição da ovulação.

14. Prejudica a capacidade de manter a atenção, a concentração e a memória para acontecimentos recentes.

15. O THC compromete a capacidade de dirigir, pois reduz a habilidade de rastreamento (acompanhar um objeto com os olhos) .

16. Prejudica respostas motoras a estímulos visuais.

17. Altera a noção de tempo e de espaço.

18. O THC altera as sensopercepções, podendo produzir ilusões e alucinações.

19. O THC altera a crítica (capacidade de avaliação), produzindo delírios (delirar é acreditar na alucinação que é percepção sem a existência do objeto).

20. O THC pode provocar sensação de bem-estar e suprimir as inibições, atingindo os centros de prazer, sendo um "prazer químico", semelhante à "fome química".

21. O THC pode desencadear (em pessoas já predispostas) uma psicose exotóxica esquizomorfa:

a. Psicose = *fora da realidade.*

b. Exotóxico = *tóxico que vem de fora para dentro do organismo.*

c. Esquizomorfo = *quadro psiquiátrico clínico semelhante a uma esquizofrenia.*

22. A maconha produz tolerância (o corpo se habitua à maconha e os efeitos canábicos são cada vez menores, precisando de dose mais e mais alta para ter as mesmas sensações de antes).

23. O THC é lentamente eliminado do organismo, sendo ainda encontrado no sangue 3 dias após a última canabizada e por oito dias ainda se encontra na urina e nas fezes.

24. A maconha pode desenvolver ginecomastia (*desenvolvimento dos peitos no rapaz)*

ECSTASY - PÍLULA DO AMOR

Princípio ativo

O princípio ativo do ecstasy é o mesmo do LSD, a metilenodioxidometa-anfetamina **(mdma).**

• Sua forma de consumo é por via oral, através da ingestão de um comprimido.

• Os usuários normalmente consomem o ecstasy com bebidas alcoólicas, o que intensifica ainda mais o efeito e agrava os riscos.

Efeitos

Os principais efeitos do ecstasy são uma euforia e um bem-estar intensos, que chegam a durar 10 horas.

A droga age no cérebro, aumentando a concentração de duas substâncias:

• **A dopamina,** que alivia as dores, e "**é considerada a molécula do prazer**", pois seu efeito principal é produzir euforia.

• **A serotonina,** que está ligada a sensações amorosas. ***(por isso a chamam de pílula do amor)***

• A pessoa sob efeito de ecstasy fica muito sociável, com uma vontade incontrolável de conversar e até de ter contato físico com as pessoas.

• O ecstasy provoca também alucinações.

Os malefícios causados pela droga no corpo do usuário são:

- Ressecamento da boca.
- Perda de apetite.
- Náuseas.
- Coceiras.
- Reações musculares como câimbras.
- Contrações oculares.
- Espasmo do maxilar, fadiga.
- Depressão.

- Dor de cabeça.
- Visão turva.
- Manchas roxas na pele.
- Movimentos descontrolados de vários membros do corpo como os braços e as pernas.
- Crises bulímicas e insônia.
- Associado à bebida alcoólica, o ecstasy pode provocar um choque cardiorrespiratório.

A principal causa de óbitos dos consumidores da droga é o aumento da temperatura corpórea que ele provoca no usuário. A droga causa um descontrole da pressão sangüínea, que pode provocar febres de até 42 graus. A febre leva a uma intensa desidratação que pode causar a morte do usuário do ecstasy.

FESTA "RAVE"

Texto adaptado do livro *Anjos Caídos*, página 168, 10ª edição, Editora Gente, de Içami Tiba.

Esta é uma nova modalidade de festa, que, em regra geral, começa à meia noite, e só termina ao meio-dia. "Ela foi importada da Holanda e da Inglaterra, onde era organizada pela classe C em terrenos baldios e embaixo de pontes".

"*Rave* significa delirar, desvairar; e *raving*, doido, pirado".

No Brasil, as festas são promovidas pela classe A e freqüentadas por *clubbers*, com roupas coloridas e extravagantes, sendo os corpos dos jovens espetados por *piercings* e cheios de tatuagens, os cabelos pintados de cores berrantes.

Em geral o local escolhido é um sítio distante da cidade, para se ter privacidade, ao ar livre, perto das belezas naturais, como praias, cachoeiras, ilhas, etc., e com espaço suficiente para receber de 2 a 5 mil pessoas.

A divulgação, em geral, é feita de boca a boca. O som tocado é o tecno, que é a música computadorizada... E claro, a droga rola solta. Mas cada um fica na sua própria onda. Ninguém se importa com o que acontece com o outro, num clima de tolerância e cumplicidade com o uso de drogas. É muito raro que haja brigas ou agressões em geral.

Neste ambiente podem se encontrar todos os tipos de drogas, mas especialmente o ecstasy e energizantes (Fly Horse, Flash Power, etc.). Sendo a bebida preferida a destilada, para potencializar os efeitos do ecstasy.

Essas festas lembram bastante o movimento Hippie de Woodstocks, sem tanto sexo explícito, mas com muita droga explícita. No entanto, ocorrem diversas situações de sexo grupal, em razão de a droga ecstasy liberar a dopamina *(molécula do prazer)* e a serotonina *(sensações amorosas)* em grandes quantidades.

HEROÍNA - DROGAS PERTURBADORAS

Histórico

Há mais de cinco mil anos a papoula, planta de onde deriva a heroína, é conhecida pela humanidade. Naquela época, os Sumérios costumavam utilizá-la para combater algumas doenças como a insônia e a constipação intestinal.

- É uma variação da morfina, que por sua vez é uma variação do ópio, obtido de uma planta denominada papoula.

A designação química da heroína é **diacetilmorfina.**

- A heroína se apresenta no estado sólido. Para ser consumida, ela é aquecida normalmente com o auxílio de uma colher onde a droga se transforma em líquido e fica pronta para ser injetada.

O consumo da heroína pode ser diretamente pela veia, forma mais comum no ocidente, ou inalada, como é, normalmente, consumida no oriente.

Efeitos da heroína

A heroína é uma das mais prejudiciais drogas de que se tem notícia.

Além de ser extremamente nociva ao corpo, a heroína causa rapidamente dependência química e psíquica. Ela age como um poderoso depressivo do sistema nervoso central.

- Logo após injetar a droga, o usuário fica em um estado sonolento, fora da realidade.
- Esse estado é conhecido como "cabeceio" ou "cabecear". As pupilas ficam muito contraídas e as primeiras sensações são de euforia e conforto.
- Em seguida, o usuário entra em depressão profunda, o que o leva a buscar novas e maiores doses para conseguir repetir o efeito.

Fisicamente, o usuário de heroína pode apresentar diversas complicações como:

- Surdez.
- Cegueira.
- Delírios.
- Inflamação das válvulas cardíacas.
- Coma e até a morte.
- No caso de ser consumida por meios injetáveis, pode causar necrose (morte dos tecidos) das veias.
- Isto dificulta ao viciado encontrar uma veia que ainda esteja em condições adequadas para poder injetar uma nova dose.
- O corpo fica desregulado, deixando de produzir algumas substâncias vitais como a endorfina, que é responsável pela organização fisiológica do indivíduo.
- Ou passando a produzir outras substâncias em

demasia, como a noradrenalina (hormônio secretado por determinadas células de gânglios paravertebrais. Promove contrição de vasos e elevação da pressão arterial. Tem maior poder que a adrenalina que, em excesso, acelera os batimentos cardíacos e a respiração).

- O corpo perde também a capacidade de controlar sua temperatura, causando calafrios constantes. O estômago e o intestino ficam completamente descontrolados, causando constantes vômitos, diarréias e fortes dores abdominais.

Outras considerações sobre a heroína

Pode provocar aborto, descolar a placenta; podem acontecer partos prematuros, partos de crianças mortas. Quando uma mulher viciada em heroína dá à luz a uma criança, esta automaticamente está também viciada e o tamanho da criança ao nascer é menor do que a média considerada normal.

AYAHUASCA

Fontes de consultas: DROGAS: Estimulantes, Depressores, Alucinógenos, Efeitos físicos e mentais das drogas psicoativas (Barryl S. Inaba e Willian E. Cohen - Jorge Zahar Editor)

Origem:

As origens do uso da ayahuasca na bacia Amazônica remontam à Pré-história. Não é possível afirmar quando tal prática teve origem, no entanto, há evidências arqueológicas através de potes, desenhos que levam a crer que o uso de plantas alucinógenas ocorra desde 2.000 a.C.

Classificação:

É uma droga lícita, porém a legalização protege o uso da droga para fins religiosos. Produz efeitos alucinógenos devido à presença da dimetiltriptamina na planta *banisteriopsis caapi.*

Como se apresenta:

É uma bebida, um chá, preparada por meio da mistura da *banisteriopsis caapi (também denominada ayahuasca)* e da *psichotria viridis* ou de plantas similares.

Possíveis efeitos:

Alterações no processo de pensamento, concentração, atenção, memória e julgamento. Alteração na percepção da passagem do tempo, medo de perda do controle e do contato com a realidade, alterações na expressão emocional, variando do êxtase ao desespero, mudanças da percepção corporal, alterações perceptuais atingindo vários sentidos, em que alucinações e sinestesias são mais comuns, mudanças no significado de experiências anteriores, sensação de inefabilidade, sentimentos de rejuvenescimento, hiper-sugestionabilidade, sensação de a alma estar se desprendendo do próprio corpo, sensação de contato com locais e seres sobrenaturais.

Pode causar:

Náuseas, diarréia, vômitos, aumentos da pressão arterial, dos batimentos cardíacos e incoordenação motora. Após o uso de grandes quantidades há relatos de que os usuários tornam-se frenéticos e agitados por alguns minutos. Podem aparecer também prostração e sonolência. Há ainda referências à audição de zumbidos, formigamento das extremidades, sudorese e tremores.

Outras considerações:

É conhecida também em diferentes culturas por: yajé, caapi, natema, pindé, kahi, mihi, dápa, bejuco de oro, vine of gold, vine of the spirits, vine of the soul, hoasca, chá do Santo Daime ou vegetal.

CHÁ DE COGUMELO

São plantas que podem ser cultivadas ou nativas.

Classificação: ilícitas e alucinógenas.

COMO SE APRESENTA:

Cogumelos propriamente ditos. Existem várias espécies, sendo algumas de suas propriedades diferentes entre si como, por exemplo, a eficácia, quantidade de *psilocibina* que determina uma planta ser mais forte do que outra.

Possíveis efeitos:

Variam conforme o ambiente onde se toma a droga, podendo ocasionar:

- Visões.
- Alucinações.
- Náuseas.
- Delírios.
- Vômitos.
- Pânico.

OUTRAS CONSIDERAÇÕES

Têm-se confundido tipos de cogumelos venenosos com aqueles que realmente possuem a psilocibina e quando de sua ingestão, alguns cogumelos venenosos, podem causar a morte ou ainda comprometer o fígado do usuário para sempre, logo após a dose consumida.

OUTRAS DROGAS "MODERNAS"
Mistura de drogas ameaça saúde de jovens
TRIMIX = ECSTASY + LSD + VIAGRA

Estava em uma festa e quase todo mundo *tomou Trimix* naquela noite. "Fiquei tão louco que não sei direito o que era efeito do quê. Tive as sensações de prazer, de leveza e de aguçamento dos sentidos próprias do ecstasy, mas, ao mesmo tempo, fiquei acelerado e viajando; vi várias coisas, alucinações mesmo. E fiquei com muito tesão. Ninguém podia encostar-se a mim que, por mais caído que estivesse, tinha uma ereção. Vi gente tão maluca que um casal começou a transar no meio da pista, mas senti também que isso detonou a minha cabeça, fiquei meio burrão por uns dias." Paulo, 22 anos, publicitário.

ECSTASY + COCAÍNA + QUETAMINA + MACONHA + VIAGRA

A sensação é muito estranha. Dá certo medo de dar um piripaque, mas a curiosidade é mais forte, **o ecstasy** deixa você feliz, **a quetamina** deixa você mole e devagar, **a cocaína** acelera o coração e faz você ficar articulado, simpático e sem sono, **a maconha** dá uma sensação boa na pele, um certo arrepio, e **o viagra** é necessário para a ereção, mas também esquenta muito o corpo. Tudo funcionou bem junto e transei por horas naquela noite. E o meu pênis continuou meio ereto durante todo o dia seguinte (priaprismo). Dois dias depois fiquei muito deprimido, acho que pelo excesso de drogas. E acabei ficando muito gripado também. "Marcelo", 30, jornalista.

ECSTASY + ANFETAMINAS + VIAGRA + MACONHA

Tomei tudo isso em um ambiente fechado, sem ter jantado antes, e acabei bebendo seis litros de água naquela noite. Não foi nada bom. Minha pressão baixou muito. Senti o meu braço tremendo o tempo inteiro, o que foi gradativamente me deixando preocupada, mas não tinha o que fazer. Um cara percebeu que eu estava mal e tentou procurar ajuda, mas era uma festa grande e não havia ambulância nem nada, e isso me deixou paranóica. Tive pânico e fiquei com uma amiga, sentada num canto, até aquilo passar. "Nunca mais." "Carla", 21 anos. Estudante

GHB (GAMAHIDROXIBUTIRATO) (BOA NOITE CINDERELA)
A droga do estupro

Há mais ou menos quarenta anos, na França, foi criada esta droga como anestésico, que induz a pessoa à perda da consciência ou coma, deixando-a sem movimentos, sem dor, "como morta".

Droga sintética, depressora do Sistema Nervoso Central, também chamada de ecstasy líquido.

Forma: líquido ou um sal, normalmente diluído em água.

Efeitos procurados: semelhantes ao álcool, euforia, sensação de energia, desinibição.

Efeitos indesejados: tontura, descoordenação motora, náusea e redução do nível de consciência, chegando à perda total da consciência, dependendo da dose utilizada. Neste estado o cérebro não registra os acontecimentos, pois a memória apaga totalmente.

Riscos: intoxicações intensas, com risco de coma. Dosagens mais elevadas podem ser fatais. Combinação com álcool é extremamente perigosa. Seu uso tem sido descrito em casos de violência sexual e estupros, pois a pessoa perde a consciência ao ingerir a bebida.

USO PROLONGADO: Risco de dependência

QUETAMINA - SPECIAL-K

Droga sintética, depressora do sistema nervoso central, com efeitos levemente alucinógenos. Anestésico de uso humano ou veterinário, que é utilizado de forma indevida.

Forma: líquido ou um pó branco que pode ser aspirado ou misturado com tabaco ou maconha.

Efeitos procurados: euforia, alucinações.

Efeitos colaterais: náusea, vômitos, sedação leve, perda de coordenação motora.

Alterações de comportamento: pensamentos fantasiosos, com caráter de sonho, alterações do humor, depressão, ansiedade, paranóia, "flashbacks" - volta das sensações experimentadas.

Riscos: convulsão e morte. Sedação pode expor a riscos.

Uso prolongado: risco de dependência, prejuízo de memória.

DROGAS: O DRAMA DA SUÍÇA

Percebendo ser uma luta vã (todo o trabalho de prevenção e repressão), o governo da Suíça tentou inovar em 1992, ao liberar o consumo de tóxicos num local predeterminado, uma estação de trens desativada, localizada a um quilômetro do centro da capital, Zurique.

O mundo todo passou a testemunhar, ao vivo, cenas até então exclusivas do dia-a-dia dos viciados. Os "junkies", como eram chamados, se drogavam estendidos num chão coberto de lixo, sangue, seringas usadas, chumaços de algodão, restos de comida e excrementos.

Quando eles não conseguiam mais injetar as drogas nos braços e nas mãos, procuravam alguma veia em qualquer outra parte do corpo: *no pescoço, nas pernas, nas axilas e até na língua.*

Essas imagens serviram, ao menos, para mostrar até onde as pessoas podem cair moralmente, até o ponto de eliminarem de si qualquer resquício de dignidade humana.

Em fevereiro de 1995 o governo suíço finalmente proibiu o espetáculo degradante. Os viciados se dirigiram então a um local alternativo: *apartamentos comprados para esse fim pelos próprios traficantes...* a solução para esse novo problema? *Máquinas de fornecimento automático de drogas, controladas por computador e pagas pelo contribuinte suíço...*

Isso mesmo! os junkies entram numa casa discreta, sem placa na porta, e recebem do computador sua ração diária de heroína. A máquina conhece os dados pessoais da "clientela", os hábitos de consumo e a dosagem máxima para cada caso. Nas palavras da gerente do local, *"nossos pacientes sabem que podem contar com a droga e viver com maior dignidade..."* e, para ratificar a solução encontrada, os suíços aprovaram num plebiscito, por esmagadora maioria (71%), a prática governamental de distribuição de doses de heroína aos viciados...

O PROJETO ZURIQUE

Zurique proporcionará cocaína de graça em projeto piloto (Folha de São Paulo 18/04/2004).

A cidade de Zurique lançará este ano um projeto piloto em que fornecerá cocaína de forma gratuita e sob supervisão médica a drogados.

O programa dirige-se aos *cocainômanos* integrados à sociedade, como advogados, artistas e executivos, que levam anos tentando deixar a droga sem resultado. Atualmente existem cerca de 10 mil drogados empedernidos e 90 mil consumidores ocasionais.

Michael Herzig, encarregado para assuntos de drogas do município, afirma: *o maior problema é representado pelos profissionais que não podem deixar a cocaína apesar de terem tentado diversas vezes.*

Essas pessoas acabam sofrendo danos físicos que podem ser tão ou mais graves que os dos heroinômanos. Alguns especialistas como Walter Meury, da Basiléia, queixam-se de que na Suíça não há nenhuma instituição especializada no tratamento da adicção à cocaína.

No início de 2006 aconteceu em Berna-Suíça uma conferência nacional dedicada à cocaína e às chamadas drogas leves. Os especialistas de várias cidades querem animar os responsáveis por outros municípios a criar uma rede para implantar de forma conjunta esse projeto.

O psiquiatra argentino *Eduardo Kalina,* respeitado especialista no tratamento de dependentes químicos, fez um alerta:

O cérebro nunca esquece a sensação provocada pela droga.

Para um dependente químico, a cura exige a abstinência total das drogas, *inclusive álcool e cigarro.*

Diante do exposto e das experiências destes países, além de Portugal e Inglaterra que regulamentaram o uso de algumas drogas, com sérios prejuízos para a saúde em geral, nós perguntamos: *Vale a pena legalizar as drogas?*

O Brasil, no relatório da Organização da Nações Unidas (ONU), datado de junho de 2005, aparece com um nível de consumo médio, se comparado com outros países do mundo, numa lista de 15 países, em 7º lugar no consumo de ecstasy, 10º lugar no consumo de cocaína e anfetaminas e 12º lugar no consumo de cannabis. Em relação aos seus vizinhos do Cone Sul (Argentina, Chile, Paraguai e Uruguai), o Brasil é o 1º colocado no consumo de ecstasy, o 3º no consumo de anfetaminas, o 4º no consumo de cocaína e o 5º no consumo de cannabis.

Vale a pena legalizar as drogas?

CAPÍTULO 2

A FAMÍLIA, A SOCIEDADE E AS DROGAS

O VELHO PROBLEMA DAS DROGAS

"Recentemente eu ouvi um programa que importante emissora de rádio levou ao ar sobre o velho problema das drogas.

Naquela reportagem vários profissionais foram entrevistados e, infelizmente, pelas considerações feitas, ficou entendido que grande parte da responsabilidade pelo uso de drogas na infância e adolescência recai sobre os ombros dos pais.

Depois disso, me coloquei a pensar se, de fato, os pais são responsáveis por tamanho problema em nossas vidas.

Percebi que os pais não observam algumas noções básicas para formar um indivíduo consciente das suas responsabilidades e resistente ao apelo das drogas.

Pensando em fazer o melhor, os pais começam por nos isentar de qualquer obrigação.

Para nos poupar, executam as tarefas que nos dizem respeito.

Quando somos pequenos os pais se desdobram para fazer tudo, providenciar tudo para que nada nos falte e para que não tenhamos que enfrentar frustrações nem quaisquer dificuldades.

Se pudessem, os pais nos poupariam até mesmo das enfermidades, dos pequenos tombos, das dores, dos arranhões...

Quando nós começamos nossa jornada na escola, os pais nos acompanham e carregam nossa mochila e, alguns, até fazem nossas lições de casa para nos poupar possíveis reprimendas dos mestres.

E assim vamos crescendo num mundo de ilusões, pois essa não é a realidade que teremos que enfrentar logo mais, quando tivermos que caminhar com as próprias pernas.

Já pensaram se nunca tivermos a oportunidade de dar alguns passos, se sempre formos carregados no colo, que forças teremos para nos manter em pé?

É evidente que, quando chegarmos à adolescência, não teremos estrutura nenhuma.

Diante da primeira dificuldade ficaremos vulneráveis como uma flor de estufa aos primeiros ventos.

Não aprenderemos a suportar frustrações, pois os nossos pais as evitaram o quanto puderam. Nunca teríamos nenhuma responsabilidade a nos pesar sobre os ombros.

Já imaginaram nunca termos que sofrer nenhuma decepção e tendo a razão a nosso favor, até mesmo nas pequenas rixas com os amiguinhos de infância?

Se formos criados assim, não estaremos preparados para pensar, nem para sair de dificuldades, nem para resolver problemas.

Sempre esperaríamos que alguém resolvesse tudo por nós, pois seria a lição que receberíamos dos nossos pais ou responsáveis.

Eu pergunto a todos vocês, quem é que pode passar

pelo mundo isento de dificuldades"?

Introduzimos o texto acima, com o intuito de fazer as pessoas, principalmente os pais, pensarem nos comportamentos e atitudes que serão apresentados a seguir.

AVALIANDO ALGUMAS CONDUTAS DOS PAIS

Quando os pais descobrem seus filhos envolvidos com drogas é muito importante manter a calma, **não entrar em pânico.** O que a maioria faz, infelizmente.

Têm de ser levados em conta os aspectos positivos desta descoberta.

A descoberta só pode ser prejudicial quando as atitudes tomadas a seguir trazem mais problemas que soluções.

Estas situações abaixo expostas poderão ser encontradas no livro *Saiba mais sobre maconha e jovens,* capítulo 15, de Içami Tiba, Editora Agora, 3ª edição.

Negar

Negar a existência do problema com drogas é fazer de conta que ele não existe.

A avestruz ao enfiar a cabeça na areia não vê mais o problema, o que não significa que o problema deixou de existir: pelo contrário, fica mais exposto a ele.

Ninguém está livre da possibilidade de ter contato com as drogas, nem mesmo os "nossos filhos espíritas".

Subestimar

A subestimação é uma maneira inadequada de enfrentar um problema, mas pode trazer um alívio rápido, mesmo que falseie sua gravidade. Desde criança estamos acostumados a ouvir quando algo nos acontece que "isso não é nada", "logo passa", etc., sem que os pais, ou outros adultos, entrem em contato com nossa dor.

Tais mecanismos podem persistir até mais tarde e tornar-se altamente inadequados para se enfrentarem os problemas dos tóxicos.

Supervalorizar

A supervalorização é inadequada, trazendo um estado de alarme - até de pânico - por não dimensionar realmente o problema.

Um cachorro doméstico não pode ser tratado como leão (supervalorização) nem como gato (subestimação).

Buscar um "culpado"

A procura de um culpado pode organizar inadequadamente uma família, à cata de um "bode expiatório". Neste se deposita todo o "ruim", e todos passam a ser os "bons".

Se o problema é dos outros, a responsabilidade não é dele (filho) nem deles (pais). É só afastá-lo das "más companhias".

Julgar "normal" ou "próprio da juventude"

O uso de ***drogas não é normal*** em qualquer etapa da vida, e o fato de ser freqüente na juventude, não o torna natural. É preciso ver com clareza a realidade.

Esperar "curas mágicas"

O vício dos tóxicos não se estabelece de uma só vez,

rapidamente como o baixar de uma cortina, mas aos poucos, lenta e progressivamente, como o construir um muro de alvenaria.

A cura é conseqüência de um longo trabalho, cheio de incertezas, alegrias e frustrações, realizado no cotidiano, por etapas.

Avaliar bem o poder de persuasão de seus amigos

A amizade é importante para qualquer etapa da vida, mas para o adolescente a turma de amigos tem uma importância fundamental no seu desenvolvimento.

Compartilhar de suas vivências, problemáticas ou não, com a sua turma tem para o jovem muito mais interesse e graça do que fazê-lo com seus próprios pais.

Linhas punitivas não substituem linhas educativas.

Mesmo que o uso da droga fosse um simples erro e não conseqüência de uma série de problemas psicológicos, familiares e sociais, talvez não coubesse uma punição pura e simples como um castigo físico, uma restrição de mesada, uma prisão domiciliar, uma privação de algo que seja realmente importante para o jovem, um ostensivo silêncio acusador.

Como os pais podem "perder a cabeça" pela delicadeza da situação e por tratar-se do seu próprio filho, é interessante que peçam ajuda a um profissional experimentado, que pode ser um psicólogo ou um psiquiatra com formação psicoterápica.

Esperar que o filho largue a droga por gratidão aos pais.

Dificilmente os pais vão conseguir algum sacrifício do filho por gratidão a tudo de bom que eles sempre fizeram.

Se o jovem nunca aprendeu o que é ser grato, não seria agora que ele iria demonstrar. Gratidão não se cobra, ela vem espontaneamente.

Jogar com o poder econômico

"Enquanto você depender de mim você tem de fazer o que eu mandar", "não sustento o que não aprovo", etc. Podem ser frases que os pais usem para impor uma linha de comportamento ao filho. Este é um erro comum, praticado pelos pais.

A dependência econômica não significa dependência psicológica, portanto o jovem pode fazer muitas coisas que não envolvam dependência econômica.

Propor metas difíceis (ou impossíveis) de serem atingidas.

Se um aluno está muito mal de notas em um bimestre, exigir que ele tire somente notas excelentes para se recuperar no bimestre seguinte pode entusiasmá-lo no começo; mas, ao ver que não consegue atingir a meta proposta, ele pode desanimar, e o resultado é piorar em relação ao bimestre anterior.

É difícil alguém que esteja num extremo passar em pouco tempo para o outro. O mais natural é que a melhora seja progressiva e sucessiva.

Dar aos filhos a liberdade de usar as drogas

Aparentemente os pais podem estar respeitando os desejos dos filhos, mas tal atitude pode significar uma omissão, um não se envolver com os problemas.

Principalmente na "onipotência pubertária" (é quando eles dizem: não se preocupe eu sei o que estou fazendo), o púbere contraria, enfrenta, frustra muito os pais. Estes, para se verem livres da "encheção", podem falar: "A vida é sua, você faça o que quiser dela desde que não me encha mais a paciência".

Soltando os filhos, os pais podem estar complicando a vida deles, num momento em que, mesmo que seja para brigar, eles precisam dos pais.

Os jovens têm de entender que a liberdade não está em poder ou não usar drogas. A verdadeira liberdade traz um sentido de vida que dispensa o uso de drogas. Quem é livre não precisa usar drogas para se sentir livre. Quem precisa provar a sua liberdade é porque não se sente livre.

Buscar como e/ou com quem adquiriu a droga

Esta atitude desvia o foco de atenção que deveria ser por que o filho estaria usando drogas. *É ilusória a tentativa de inocentar o filho,* atribuindo a responsabilidade somente para o traficante.

Sem dúvida o traficante é um criminoso, **mas ele existe porque alguém se serve dele. Se o filho for orientado e deixar de fazer uso da droga, o traficante perde a função.**

Dar respostas inadequadas às perguntas sobre tóxicos

Com uma pergunta, o jovem pode ter vários objetivos:

- Querer mesmo saber a resposta porque nada sabe sobre o assunto.
- Saber o ponto de vista do respondedor, geralmente os pais.

Portanto, as respostas não devem ser evasivas, mentirosas, incoerentes, muito amplas (verdadeiras aulas discursivas), lacônicas, instáveis (dependendo do estado de humor do respondedor).

Se o adulto não souber a resposta - o que é possível - é melhor dizer que não sabe e realmente procurar saber, do que inventar qualquer resposta.

Queixar-se das próprias dores em vez de ouvir o usuário

Há pessoas que não sabem ouvir problemas alheios. Quanto mais tensa a situação, tanto mais elas falam dos seus próprios problemas, isolando-se assim do usuário.

Quando se trata de drogas com seu próprio filho, falam mais de suas próprias dores, angústias, frustrações, desgraças e conseqüências.

Considerar o usuário um "caso perdido"

Ter o usuário como "um caso perdido" é condená-lo à escravidão à droga.

Enquanto tiver vida, enquanto tiver forças para buscar a droga, o usuário está demonstrando que tem energia, só que a está usando contra si mesmo, autodestrutivamente.

É sempre possível reverter o processo, e a energia pode ser utilizada para se recuperar, para se construir.

Conversar somente quando surge o problema

É um grande erro pensar que nossos filhos estão livres dos problemas dos tóxicos, pois ninguém está livre deles. Dificilmente é detectado o momento em que o jovem se interessa pela droga, pois tal interesse pode vir ao longo de um tempo que varia de pessoa a pessoa.

Logo, os adultos devem estar atentos ao fato de que suas manifestações verbais ou comportamentais acerca dos tóxicos possam estar sendo incorporadas pelas crianças, por isso a importância de as conversas serem francas e abertas.

IMPORTANTES VARIÁVEIS NO USO DA DROGA

Estas situações abaixo expostas poderão ser encontradas no livro *Saiba mais sobre maconha e jovens*, capítulo 03, de Içami Tiba, Editora Agora, 3ª edição.

Características pessoais

É importante conhecer as características pessoais que o jovem tinha antes de começar a usar drogas, pois tais características geralmente podem se agravar com o uso da droga.

Solidão:

É um sentir-se só por falta de pessoas dentro de si.

O solitário, às vezes, não consegue se vincular mesmo tendo pessoas à sua volta. No meio destas pessoas ainda se sente só. É bem diferente o isolar-se, que é uma busca ativa de ficar só. O solitário sofre com a sua solidão.

Não suportar frustrações:

A capacidade de superar frustrações depende da maturidade.

A frustração dói, aperta o peito, decepciona. Para não sofrer a frustração, a pessoa pode lançar mão de recursos como depreciar o que não conseguiu, explicar que não estava tão interessado, ficar indiferente, substituir simplesmente aquele interesse por um outro qualquer, com menor esforço e exigência.

Insatisfação constante:

Nada do que faz o satisfaz; sempre em busca de algo mágico que lhe traga satisfação total, a realização de todos os seus desejos; nunca fica satisfeito com o que consegue, numa voracidade muito grande que o deixa ainda faminto, apesar de ter-se alimentado. Está constantemente em busca de mais e novos alimentos.

Imediatista do prazer:

O prazer tem de vir logo senão a espera é angustiante e pouco suportável; quer o retorno imediato de tudo o que faz.

Não tem costume de fazer prospecções como estudar hoje para se formar amanhã.

"Fiz hoje, quero resultados prazerosos hoje".

Para que esforço, para que responsabilidades e conseqüências se o que importa é o prazer imediato?

Às vezes o prazer é buscado não se importando com os riscos que possam apresentar até contra a própria vida.

Nega a existência do futuro: "não sei se vou estar vivo amanhã".

Gosto pela novidade, pelo proibido:

Quando a vida se torna uma rotina, nada tem graça, tudo é monótono, o depressivo pode buscar na novidade, no perigo, uma tentativa de sair desse estado de ânimo.

Autodestrutividade:

O autodestrutivo traz dentro de si algo que ele sente que tem que ser destruído.

Uma autocrítica destrutiva tem relação com as críticas destrutivas que pela vida ele recebeu de seus educadores (pais, familiares, professores, etc.).

A autodestrutividade pode ser:

1. **Ativa** - quando ela é buscada por situações drásticas como tentativas de suicídio e situações cotidianas como tabagismo, drogadição, alcoolismo.

2. **Passiva** - quando não se preserva dos perigos, não luta pela própria sobrevivência, deixando-se surpreender pelos "assassinos" da vida; usa o outro para que o destrua.

Influenciabilidade:

A pessoa acata mais as opiniões alheias que as próprias. É mais importante o que acontece fora do que dentro dela.

A influenciabilidade pode ser uma decorrência da fragilidade de uma obediência cega de um filho que não foi estimulado a contra-argumentar, a se expressar, a contribuir numa conversa com seus próprios pontos de vista.

Onipotência:

É um traço de imaturidade pessoal, cuja característica principal é sentir-se todo-poderoso (mania de Deus), dono absoluto da razão. A maturidade é um estágio que uma pessoa pode alcançar e é caracterizada por uma adequação do seu saber e do seu não-saber, do poder e do não-poder (saber que sabe e saber também que não sabe).

Necessidade de ser aceito pela turma:

As crianças se agrupam em torno de um objetivo. As pessoas que estão juntas neste mesmo objetivo são colegas. Nesta idade a ligação com o objetivo é maior que com os colegas. Mudando-se os objetivos, mudam-se os colegas. Já os jovens se entusiasmam para ficarem juntos e aí decidem o que querem fazer. Na turma o vínculo existente entre eles é mais forte do que o objetivo. Assim é importante para o jovem o sentimento de pertencer a uma turma.

Personalidade aberta:

É uma falha no desenvolvimento humano, cuja característica principal é o não se sentir identificada e individualizada somente consigo própria. Para sentir-se bem é preciso que algo ou alguém a complete. Desde criança é extremamente dependente de uma ou mais pessoas com as quais se sente bem, segura, confiante em si mesma.

Ao adolescer, na busca da identidade própria, o jovem afasta-se da família para integrar-se no social; é quando a personalidade aberta se manifesta fortemente de modo que o jovem pode buscar qualquer pessoa ou coisa para se completar (turma, determinados comportamentos, droga, idéia fixa, amigo, namorada), de forma fanática, exagerada, perdendo toda a naturalidade.

Os pais precisam avaliar bem sua próprias condutas.

As crianças e os jovens começam a aprender o que é droga quando observam os adultos em busca de tranqüilizantes ao menor sinal de tensão ou nervosismo.

Aprendem também o que é droga quando ouvem seus pais dizerem que precisam de três xícaras de café para se manterem acordado, ou ainda quando sentem o cheiro da fumaça de cigarro...

Além disso, eles aprendem o que é dependência quando observam como seus pais têm dificuldades em controlar diversos tipos de comportamentos, como, por exemplo, comer de modo exagerado.

O QUE OS PAIS PODEM FAZER É TORNAR-SE EXEMPLO PARA OS FILHOS.

Os filhos precisam de pais morais e não pais materiais.

CAPÍTULO 3

3.1 – ALCOOLISMO: MITOS E VERDADES

(Extraído do Livro "Alcoolismo" Ronaldo Laranjeira e Ilana Pinsky, Editora Contexto)

UM POUCO DE HISTÓRIA.

Já nos tempos pré-bíblicos se falava em intoxicação por vinho.

No passado da humanidade o álcool era servido como aperitivo antes das refeições.

Por muitos séculos foi a fonte de água menos contaminada possível para se beber.

A produção de álcool a que o homem estava acostumado até o século XVIII era artesanal. Predominavam as bebidas fermentadas na forma de vinho e alguns tipos de cerveja.

Após o advento da Revolução Industrial inglesa, por volta de 1750, passou-se a produzir álcool em escala industrial... Em grandes quantidades, com a conseqüente diminuição do preço e o acesso a ele, como até hoje, tornou-se muito fácil.

Mentiras e verdades sobre o alcoolismo.

1º mito:
O álcool não é uma droga, é um alimento.

Verdades: O álcool é uma droga. O que diferencia os tipos de bebidas é a concentração de álcool e de seus constituintes:

Concentração de álcool nas seguintes bebidas

- Cerveja contém 5% - 150 calorias
- Maioria dos vinhos contém 12% - 100 calorias
- Uísque e a pinga contém 40 a 50% - 60 calorias

1. Algumas pessoas que bebem excessivamente engordam, enquanto outras emagrecem.
2. Os que engordam estão ingerindo alimentos de baixo valor nutritivo, na maior parte das vezes cerveja *(não sofre grandes alterações na alimentação).*
3. Quem bebe e emagrece está, comumente, bebendo destilados e usando a bebida como fonte calórica.
4. O álcool impede a absorção das vitaminas B e C, comprometendo a saúde em geral.

2º mito:
Qualquer consumo de álcool deve ser considerado alcoolismo?

A verdade: Se isso fosse verdade, mais de 80% da população seria alcoólatra.

1. Somente 20% das pessoas são consideradas abstêmias.

2. O álcool afeta de forma diferente homens e mulheres.

3. Mulheres têm mais gorduras pelo corpo, fazendo com que atinja maiores concentrações de álcool.

3º mito:
O alcoolismo é uma doença.

A verdade: A OMS classifica como doença a síndrome de dependência do álcool.

A diferença entre síndrome e o alcoolismo é que a dependência não seria a condição de tudo ou nada - ou a pessoa é alcoolista ou não é - mas é um processo no qual a pessoa ficaria gradualmente, ao longo dos anos, dependente do álcool.

4º mito:
A pessoa já nasce dependente do álcool.

A verdade: Ninguém nasce dependente do álcool. É o hábito adquirido.

"Porém pode ocorrer uma pré-disposição para o uso, em razão de o álcool poder atravessar a barreira placentária, da mulher grávida, e ocasionar a Síndrome Fetal Alcoólica (SFA). Crianças que nascem com problemas devido à bebida podem ter problemas de aprendizado e de comportamento por toda a vida". (SENAD cartilha nº. 6 da Série Diálogos).

5º mito:
É sempre fácil identificar um alcoolista.

A verdade: Nem sempre será possível, principalmente

no início do vício... Com a continuidade do uso, sim, pois, no quadro mais severo da dependência as pessoas apresentam manifestações muito óbvias de uso crônico: face vermelha pela intoxicação crônica, hálito alcoólico, intoxicação freqüente.

6º mito: O álcool ajuda a relaxar e a esquecer os problemas.

A verdade: O álcool é um péssimo calmante, pois seu efeito imediato produz certa euforia seguida de depressão do sistema nervoso, com sedação.

O álcool é um depressor do sistema nervoso central: quando a pessoa bebe muito fica momentaneamente menos ansiosa, sonolenta, etc.

Mas, quando o efeito do álcool passa, o sistema nervoso não volta imediatamente ao normal, tendo uma reação de "rebote".

No dia seguinte, a pessoa tende a ficar mais nervosa, irritada, com dificuldade para conciliar o sono, etc.

7º mito: O álcool afeta principalmente o fígado.

A verdade: 50 a 70% dos alcoolistas apresentam problemas no sistema nervoso, contra 30% dos que reclamam de doenças do fígado.

Os danos no s.n.c se dão devido à ação direta do álcool nas células do cérebro, provocando:

- Diminuição da memória.
- Na capacidade de raciocínio mais complexo.
- No julgamento de situações difíceis, etc..

Aproximadamente 10% dos alcoolistas sofrerão danos irreversíveis e poderão chegar a desenvolver um quadro de demência alcoólica.

É importante ressaltar que a abstinência sempre melhora o quadro geral do alcoolista.

8º mito: Quando o dependente de álcool pára de beber, não sente falta da bebida.

A verdade: Não ocorre uma mágica... Sentirá falta por muito tempo. Somente com o tempo, forma de tratamento, condições de adaptação à sua nova condição é que poderá estar mais à vontade para sentir-se seguro, mas, mesmo assim, continua sendo alcoólatra. Encontra-se somente em abstinência. Precisa vigiar-se, permanentemente.

9º mito: Um pouco de álcool na gravidez ajuda a produção de leite materno.

A verdade: Muitos médicos já recomendaram cerveja preta para o aumento de leite nas mulheres. Mas esta concepção se modificou. Desde a década de 70 que se solicita às mulheres total abstinência do álcool antes e pós-gravidez, para evitarem a Síndrome Fetal pelo álcool.

10º mito: É impossível prevenir o alcoolismo.

Verdade: É possível prevenir o vício do alcoolismo. E essa possibilidade inicia-se no lar... Por muito tempo - e ainda hoje - considerou-se o alcoolismo uma doença genética, hereditária, assim o indivíduo já nasceria com a doença "alcoolismo" e a única maneira de impedir seu desenvolvimento seria a abstinência total de álcool durante toda a vida.

O fato é que essa visão, extremamente dirigida aos aspectos biológicos, dá pouca importância aos fatores psicológicos individuais e praticamente ignora os fatores ambientais. A visão moderna do alcoolismo como uma síndrome engloba estes dois últimos fatores.

11º mito: O governo deveria proibir a venda de bebida alcoólica, fechando as empresas que fabricam as bebidas...

A verdade: Não importam os bares disponíveis, o preço da bebida e o horário em que são vendidas. Quem quer beber vai fazê-lo de qualquer jeito.

A pessoa poderia comprar e beber em casa, como muitos o fazem. Mas é sabido que restrições em relação à disponibilidade e a facilidade de obtenção de bebidas alcoólicas têm um importante papel preventivo, não só no nível de consumo global como no nível de consumo por parte de pessoas que bebem muito, dos que consomem abusivamente e até dos dependentes de álcool.

O álcool é uma droga permitida, lícita, mas não liberada. Existe uma série de regras e restrições para seu consumo, venda, etc. No Brasil, menores de 18 anos não podem comprar bebidas alcoólicas... Há também legislação quanto à quantidade de álcool que pode ser ingerida por quem vai dirigir. Infelizmente muito pouco observada pelas pessoas e praticamente nenhuma fiscalização.

12º mito: Quem conhece os efeitos do álcool não vai ter problemas.

A verdade: Conhecer um problema por conhecê-lo não livra ninguém dos males daquele problema.

Por muito tempo se utilizou do "modelo de amedrontamento", sendo o resultado um estrondoso fracasso, pois as pessoas logo descobriram que o álcool lhes causava algum prazer como relaxamento e o uso social. Informar não é necessariamente prevenir.

A propaganda do álcool tem um papel bastante importante no estímulo à bebida, levando os indivíduos a fazer uso excessivo do álcool. É preciso agir em sentido amplo, no lar, na escola, na sociedade, no trabalho, no culto religioso, etc. Não apenas informando ou conscientizando, mas exemplificando, evitando o uso indevido do álcool.

13º mito: Quando a pessoa é alcoolista, nem a família pode ajudar.

A verdade: Qualquer pessoa pode ajudar um alcoolista, especialmente a família. A questão é que o alcoolista precisa querer ser ajudado, ou seja, precisa, em primeiro lugar, ajudar-se, para que possa receber auxílio. É importante destacar, no entanto, que esse papel não será definitivo: a pessoa vai trilhar, no meio de todas as influências que recebe, o seu próprio caminho.

A ocorrência de problemas relacionados ao álcool entre jovens e adolescentes de uma determinada família pode ser bastante influenciada principalmente por três fatores familiares:

1. O consumo inadequado de álcool pelos próprios pais;

2. a qualidade da relação entre os pais e os filhos, e
3. atitudes dos pais em relação às bebidas alcoólicas.

14º mito: A internação é o único tratamento eficaz para o alcoolismo.

A verdade: Acreditou-se até bem poucos anos que a internação era a única solução para o dependente. Não é verdade. Pode-se combinar internação com tratamento medicamentoso, com terapias em clínicas de recuperação. O somatório pode dar muito certo. Temos que levar em conta as condições de cada doente, sua capacidade de aceitação e sua inteligência para poder lidar com os tipos de tratamentos a que seja submetido.

15º mito: A melhor reação da família é o confronto com o alcoolista.

A verdade: Não é uma técnica fácil de ser aplicada. É preciso muito cuidado para não piorar as relações entre os familiares que, em geral, não são boas. É preciso ser aplicada por profissionais competentes e habilitados a lidar com as reações de todos. Nem sempre o dependente poderá aceitar com naturalidade os acontecimentos.

Muitas esposas ameaçam, há anos, largar o marido se ele não parar de beber. Eles não param, elas não os abandonam e eles acabam aprendendo que não precisam levar muito a sério o que as esposas dizem.

Talvez por não saber lidar com o problema do alcoolismo, talvez pela tolerância exagerada em relação ao uso abusivo de bebidas alcoólicas, algumas famílias demoram muito tempo para se dar conta de que um parente está bebendo demais. O alcoolista pode ter a impressão de que não se interessam por ele, nem por seus problemas, e que ele não pode contar com qualquer pessoa.

16º mito: A recaída significa que o tratamento não deu certo.

A verdade: Não necessariamente será um fracasso. É extremamente comum que o alcoolista tenha recaído, em razão de o álcool criar dependência tanto física quanto psíquica, sendo uma das mais severas dependências, pois o seu estrago na vida da pessoa e de seus familiares vai sendo causado lentamente, até o comprometimento crônico, quando o alcoolista poderá não ter mais chances de se recuperar. De tão freqüentes, considera-se que as recaídas fazem parte do quadro do dependente e do próprio tratamento. É temerário crer ou esperar que, numa única tentativa, o tratamento seja eficiente.

3.2 - USO E ABUSO E SUAS CONSEQÜÊNCIAS.

Podemos concluir, seguramente afirmando que, o alcoolismo é uma enfermidade caracterizada pelo uso compulsivo e exacerbado do álcool, com repercussões sobre as organizações:

- Mental,
- física e
- social.

Apesar do elevado número de enfermos submetidos ao jugo de Baco *(deus do vinho na mitologia romana e, para os gregos, o deus Dionísio)* o que constitui um sério problema de saúde pública, atualmente bem mais extensa é a lista dos que se auto-intitulam ***"bebedores sociais"***.

Podemos assim, com base nessa informação, classificar a questão em dois grupos:

1. Os que fazem uso de bebidas alcoólicas na busca

de prazeres, satisfações ou gozos obtidos, direta e ou indiretamente, a partir deste uso.

2. Os que já sofrem a imposição e a dependência cruciais do álcool.

O segundo grupo necessita, portanto, de tratamento especializado e de envidar esforços para controle do vício, para que tenha uma vitória contra esse mal.

A HISTÓRIA DO VINHO

A seguir, apresentamos uma sinopse sobre a história do vinho, no correr dos tempos. Procuramos ser fiel aos relatos de seus autores e pesquisadores, **com o propósito de informar, de modo honesto e fidedigno, ao leitor, antes de incentivar o seu uso,** mas muito ao contrário, prevenir do uso e do abuso desta bebida, que faz parte da história da humanidade, já que ela, a bebida vinho, remonta a tempos bíblicos, como se poderá ler a seguir.

Não se pode apontar precisamente o local, a época em que o vinho foi feito pela primeira vez, do mesmo modo que não sabemos quem foi o inventor da roda. Uma pedra que rola é um tipo de roda; um cacho de uvas caído, potencialmente, torna-se, um tipo de vinho. O vinho não teve que esperar para ser inventado: ele estava lá, onde quer que uvas fossem colhidas e armazenadas em um recipiente que pudesse reter seu suco.

Há 2 milhões de anos já coexistiam as uvas e o homem, que as podia colher. Seria, portanto, estranho se o "acidente" do vinho nunca tivesse acontecido ao homem nômade primitivo. Antes da última Era Glacial, houve seres humanos cujas mentes estavam longe de ser primitivas como os povos Cro-Magnon que pintaram obras primas nas cavernas de Lascaux, na França, onde os vinhedos ainda crescem selvagem. Esses fatos fazem supor que, mesmo não existindo evidências claras, esses povos conheceram o vinho.

Os arqueologistas aceitam o acúmulo de sementes de uva como evidência (pelo menos de probabilidade) de elaboração de vinhos. Escavações em Catal Hüyük (talvez a primeira das cidades da humanidade) na Turquia, em Damasco na Síria, Byblos no Líbano e na Jordânia revelaram sementes de uvas da Idade da Pedra (Período Neolítico B), cerca de 8000 a.C. As mais antigas sementes de uvas cultivadas foram descobertas na Geórgia (Rússia) e datam de 7000 - 5000 a.C. (datadas por marcação de carbono). Certas características da forma são peculiares a uvas cultivadas e as sementes descobertas são do tipo de transição entre a selvagem e a cultivada.

A videira para vinificação pertence à espécie *Vitis vinifera* e suas parentes são a *Vitis rupestris*, a *Vitis riparia* e a *Vitis aestivalis*, mas nenhuma delas possui a mesma capacidade de acumular açúcar na proporção de 1/3 do seu volume, nem os elementos necessários para a confecção do vinho. A videira selvagem possui flores machos e fêmeas, mas raramente ambas na mesma planta. A minoria das plantas é hermafrodita e podem gerar uvas, mas quase a metade do número produzido pelas fêmeas. Os primeiros povos a cultivar a videira teriam selecionado as plantas hermafroditas para o cultivo. A forma selvagem pertence a subespécie *sylvestris* e a cultivada à subespécie *sativa*.

As sementes encontradas na Geórgia foram classificadas como *Vitis vinifera* variedade *sativa*, o que serve de base para o argumento de que as uvas eram cultivadas e o vinho presumivelmente elaborado. A idade dessas coincide com a passagem das culturas avançadas da Europa e do Oriente. Próximo de uma vida nômade para uma vida sedentária, começando a cultivar tanto quanto caçavam. Nesse período começam também a surgir, além da pedra, utensílios de cobre e as primeiras cerâmicas nas margens do Mar Cáspio.

CONSIDERAÇÕES ACERCA DO VINHO

Importante reconhecer que, nos primórdios da humanidade, era compreensível que pouco se conhecesse sobre os malefícios do álcool, levando ao homem a idéia de que havia encontrado "o néctar dos deuses", ou a panacéia para seus males, pois não dispunham de uma medicina que correspondesse às necessidades da espécie.

Compreensível também que, ao longo dos séculos, a máxima de Jesus, "Conhecereis a verdade e ela vos libertará", implicitamente tomou conta da ciência, no sentido de que quanto mais o homem avançou nos conhecimentos científicos, melhor compreendeu os significados das verdades propaladas por ele mesmo, inicialmente como hipóteses e teorias científicas. No entanto, hoje conhecemos e compreendemos do micro ao macro cósmico, permitindo-nos não só o conhecimento teórico, mas a comprovação das teorias e hipóteses a respeito da vida e suas conseqüências.

Assim tem sido no terreno da diversidade de necessidades do homem moderno, que já dispõe do suficiente, em termos de conhecimento e domínio científico, para prover suas necessidades atuais, bem como se prevenir de malefícios, amplamente por ele pesquisados.

Mas o que de fato tem impedido o homem de se livrar destes males, especialmente os da dependência, não é a falta de conhecimentos, mas sim, não adotar uma postura ético-moral, diante delas, para que possa melhor viver sua existência.

Eufórico e iludido em meio ao conhecimento e à necessidade de uma vida disciplinada e administrada, perde-se em devaneios sobre a finalidade da existência, sem um norte para lhe guiar os passos, procurando nas drogas, "o néctar", que lhe alimenta o vazio existencial, num claro distanciamento da religiosidade, o que equivale dizer, distante das suas origens divinas, afastado do Criador de Suas leis.

É imperioso reconhecer o valor da ciência para o homem, pois o próprio Jesus em sua assertiva sobre o conhecimento da verdade estabelece as bases para a libertação da criatura humana. Estamos no primeiro estágio, ainda nos primórdios do conhecimento da verdade. O segundo estágio será aquele em que o homem saberá aliar o conhecimento à necessidade de vivenciá-lo, ocasionando, assim, a mudança de rumos e o crescimento da humanidade como um todo.

O QUE DIZ A CONCEPÇÃO ESPÍRITA SOBRE O USO DO ÁLCOOL

Cabe a seguinte indagação sobre a questão do álcool na humanidade: "Qual é o principal motivo da negligência das autoridades do mundo quanto ao problema nocivo do álcool?".

Podemos exemplificar através de antigo provérbio popular que, "Lobo não come lobo", "o que vem justificar, com bastante clareza, o motivo do desleixo humano quanto ao problema cruciante do alcoolismo. Tanto abusam do álcool homens sadios, enfermos, jovens, mulheres, velhos, religiosos, cientistas, analfabetos, mendigos e milionários e até líderes espiritualistas. Conseqüentemente, não há interesse predominante e deliberado de extinguir esse flagelo, quando os próprios homens responsáveis pela sanidade da vida humana teriam de primeiramente extingui-los em si mesmos".

Curiosamente combatem com energia a prostituição, o abuso dos entorpecentes, as diversas formas de crimes e furtos, mas paradoxalmente, descuida-se do vício do álcool, em geral, sendo este, na atualidade, o maior responsável por tantos acontecimentos trágicos e torpes do mundo!

Obviamente temos que levar em consideração que, na atualidade, a graduação espiritual da humanidade justifica indivíduos desordeiros, inescrupulosos, injustos, fesceninos, cruéis, mistificadores, ciumentos e desregrados, por cujo motivo um espírito santificado, ou mesmo Jesus, não tenham conseguido disciplinar e administrar criaturas ainda tão desatinadas pela cobiça, pilhagem e guerras fratricidas, em sua maioria, preocupadas exclusivamente com os seus interesses pessoais, que somos todos nós a humanidade.

Por se desprezarem as conseqüências mais graves para o alcoolismo, o homem perdeu o senso direcional do seu espírito, mesmo a compreensão dos cometimentos atrozes e terríveis, das vítimas do alcoolismo, em tratamento nos hospitais psiquiátricos, campanhas, programas de atenção ao alcoolismo, etc., não têm sensibilizado o homem ao cometimento do uso.

"É estarrecedor comprovar-se que, após exaustivo período sacrificial de gestação da mulher, na sua função sublime de procriar um filho, e depois vê-lo tombado no lodo das ruas e marcado pelos estigmas viciosos do alcoolismo!"

O homem teme que a extinção da indústria de bebida, assim como a de tabaco, seja considerada um desastre econômico, causando um colapso fatal na fabulosa renda fiscal do país, pois ocorreria o fechamento, também, de fábricas de garrafas, barris, caixas, tampinhas, cortiças e copos, a redução de impressos, transportes e conseqüente extinção da lavoura de lúpulo, cevada, ou cana-de-açúcar hão de causar os mais vultosos desempregos do mundo! Paradoxalmente, esse sistema de sustentação econômica através do álcool, ocasiona tragédias diárias, decorrentes de tal vício, pois o alcoolismo é o responsável direto pela maior parte de latrocínios, prostituições, doenças, misérias, luxúria, desordens, desventuras domésticas e maus tratos da família. Sendo que a contrapartida desta fabulosa geração de renda e da arrecadação de impostos, o dobro é destinado a tratar os malefícios daí decorrentes, tais como tuberculose, cânceres, cirrose, sífilis, degenerações renais e pancreáticas, embrutecimento cerebral, imbecilidade, histeria, epilepsia, neuroses, lesões orgânicas, prostração física, enfraquecimento nervoso, taras hereditárias e esterilidade, além da manutenção de asilos, hospitais, cárceres, presídios, etc.

No entanto, o homem até glorifica o álcool, como se ele fosse realmente algo de notável à cultura, glória, filosofia ou cientificismo de um povo! A Alemanha orgulha-se de sua cerveja, a Rússia da vodka, a França, a Espanha, Portugal e Itália dos seus vinhos famosos; a Escócia e a Inglaterra são países mais conhecidos pelo seu uísque do que por suas realizações históricas! A América Latina proclama a preciosidade do rum de Cuba, além de seus charutos, da tequila do México, ou da cidra da Argentina, enquanto o próprio Brasil muito se envaidece pela sua famigerada cachaça! Sem dúvida, tudo isso poderia consagrar um país, caso fosse usado na parcimônia, que não conduz ao vício e à degradação, pois há povos cujos louvores provêm dos seus saborosos pêssegos, morangos, figos ou deliciosas uvas!

Considerando-se que o homem, ainda não conhecendo a si mesmo, e por isso é primário no comando de suas emoções, vive mais as surpresas, as paixões e violências recalcadas quando provocadas na sua personalidade humana. Ao beber, ou ao se embriagar, afrouxa o controle psíquico por efeito da ação tóxica e entorpecente do álcool, então, a sua mente decai para a freqüência vibratória da faixa animal, onde dominam as paixões e os impulsos desordenados da cólera, violência, agressividade ou lubricidade... A bagagem inferior, animal, fragilmente represada pela consciência em vigília, emerge sob o tóxico alcoólico e vem à tona o residual detestável. A criatura mal reprimida em suas paixões pelas convenções sociais e advertências religiosas, sob a ação do álcool liberta-se, revelando a autenticidade da sua formação espiritual.

Embora raro, sob transe alcoólico, pode emergir a memória psíquica do passado e perigarem as relações entre os componentes da família, ao reconhecerem-se espiritualmente, nas diversas condições de vítimas ou algozes do pretérito. Pode ocorrer que se identifiquem ou se pressintam velhas inimizades, avivando-se ódios, vinganças e despeitos ainda latentes no seio da alma! Daí, o perigo do uso dos alcoólicos entre os membros da família, cujos espíritos ainda primários, acicatados pelas reminiscências passadas, podem provocar tragédias e exercerem vinganças inesperadas, quando se massacram, entre si, marido e mulher, filhos e pais, como temos visto, com freqüência, pela mídia.

Nessa visão, digamos que freudiana, ainda podem interferir os Espíritos desencarnados, malfeitores e adversos do conjunto familiar, que, à última hora, acicatam crimes e tragédias! Transformam-se em acontecimentos nefastos, na maioria das vezes, sem explicações comuns, em que os infelizes encarnados são movimentados à guisa de verdadeiras marionetes sob os cordéis do mundo invisível.

Basta nos reportarmos à questão 459 de *O Livro dos Espíritos:*

– Influem os Espíritos em nossos pensamentos e em nossos atos?

Resposta: *Muito mais do que imaginais. Influem a tal ponto que, de ordinário, são eles que vos dirigem.*

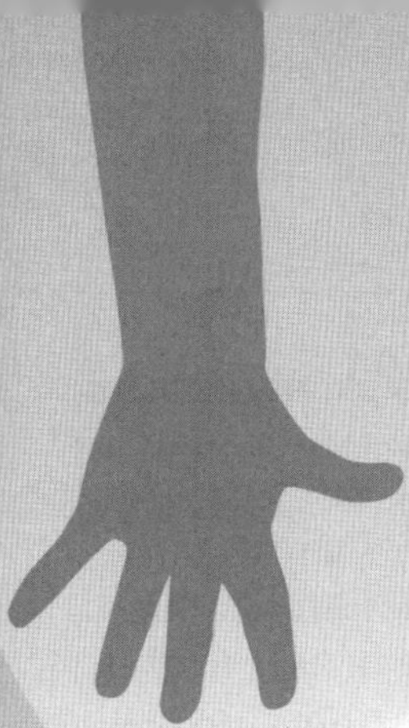

CAPÍTULO 4

O QUE É TABAGISMO*

4.1 – PANORAMA GLOBAL DO TABAGISMO

HISTÓRIAS E FATOS SOBRE NICOTINA

O berço no qual se disseminou a nicotina conduzida pelo tabaco foi a América. É de tempos imemoráveis o costume dos aborígines americanos de fumar tabaco nas cerimônias religiosas. É um enigma que tantas culturas indígenas espalhadas neste continente, as quais dificilmente podiam contatar-se, vivenciassem ritual semelhante mágico-religioso, sagrado, no qual o sacerdote, cacique ou pajé e seus circunstantes entravam em transe aspirando o fumo do tabaco.

Quando Colombo aportou nestas paragens, plantava-se tabaco em todo o continente. O primeiro contacto do mundo civilizado com a nicotina ocorreu no século XVI. Esta chegou à Europa por quatro caminhos: Espanha, Portugal, França e Inglaterra.

---

* Este capítulo é grande parte compilado do programa de atenção ao tabagista, promovido pelo INCA - Instituto do Câncer no Brasil

PAIS TABAGISTAS... FILHOS CANABISTAS (FUMADORES DE MACONHA)

(Livro: *Saiba mais sobre maconha e Jovens* - Içami Tiba - editora Ágora 3ª edição, capítulo 13 - pág. 85/86)

"... Quando criança achava legal meu pai fumar. Olhava e achava bacana. Roubava cigarro para brincar, queimava como chaminé de castelos de areia. Papai pedia para comprar cigarros, pegar fósforos na cozinha. Papai falava que era porcaria, mas vivia sempre fumando. Um dia roubei cigarro e fui experimentar no banheiro. Lá estava meu irmão mais velho com outro cigarro. Um deu força para o outro. *Com 13 anos experimentei maconha.* Com 15 anos fumava 5 a 6 maconhas por dia. Papai parou de fumar. Hoje com 17 anos não consigo parar nem o tabaco, nem a maconha..." (Depoimento de um jovem de 17 anos, 1º colegial).

"O Tabagismo dos pais pode ser o primeiro contato dos filhos com um vício. Quando um adulto pede a uma criança que lhe traga cigarro, ou anexos como fósforos, cinzeiros, piteiras, etc., esta se torna cúmplice do seu tabagismo".

"Se a criança é solicitada a acender o cigarro para os pais, ou deixam que ela acenda porque pediu não lhe custa nada dar o passo seguinte que é o de tabagizar. Quando a criança aprende que o cigarro faz mal à saúde, ela luta contra o tabagismo dos pais, escondendo (ou jogando fora)".

"...tentando tirar o cigarro aceso das mãos dos pais para jogar fora, etc. Uma criança tem seus pais como modelos e imita-os integralmente, pois ainda não tem capacidade para discernir o que deve ou não ser seguido. Assim, pela convivência, cria uma familiaridade com o tabagismo dos pais..."

"Quando a criança tem em suas mãos algo que somente aos adultos é permitido, ela pode se sentir gratificada...".

"Estudos mostram que, quanto mais precoce é o início do consumo, maiores as chances de dependência...".

"Pais que sofrem muito com o tabagismo podem criar nos filhos uma atitude radicalmente contrária ao tabaco. Este radicalismo pode permanecer inclusive na adolescência, numa guerra antifumo. É interessante notar que existem adolescentes que fumam maconha, mas são totalmente antitabagistas. Se a maconha fosse vendida como tabaco e consumida livremente, seria mais difícil abandonar o uso dela que o tabagismo".

"Para que um filho se torne canabista existem inúmeras causas, mas, sem dúvida, o tabagismo dos pais pode ser um forte ingrediente".

No Brasil, o primeiro contato com o cigarro tem acontecido muito cedo, em torno dos 12 ou 13 anos de idade.

Na atualidade a faixa dos mais jovens é a única em que está havendo um aumento do número de fumantes, principalmente em razão dos seguintes fatores:

- Curiosidade,
- pressão da "turma" para ser aceito por ela;
- necessidade de se sentir mais seguro, auto-afirmar-se;
- a imitação de um comportamento dos pais e
- a imitação de uma pessoa que admira.

Tudo isso pode influir na vontade de experimentar o primeiro cigarro.

O problema é que, do primeiro cigarro para o primeiro maço, o avanço é muito rápido.

E, do primeiro maço para frente, a dificuldade de parar é imensa.

Quem começa a fumar na juventude demora, em geral, décadas para conseguir largar o cigarro e, nesse tempo todo, o cigarro pode produzir dezenas de danos para a saúde, conforme as estatísticas nacional e mundial.

O TABAGISMO COMO DEPENDÊNCIA
O QUE É TABAGISMO?

É EPIDEMIA E COMO TAL DEVE SER COMBATIDA. O TABACO É O ÚNICO AGENTE QUE, NÃO SENDO BACTÉRIA NEM VÍRUS, TEM CARÁTER PANDÊMICO PELOS MALEFÍCIOS QUE CAUSA À SAÚDE.

Caro (a) viciado (a)

"À primeira vista você me acha repugnante, contudo, invado seu ambiente, você perde a aversão por mim, e podemos nos tornar íntimos e inseparáveis. Doravante você terá grandes problemas, mas separar-se de mim será extremamente doloroso, uma vez que substituo algo muito importante em sua vida, algo que lhe dava prazer. Ademais, o nosso convívio tende a tornar você amante de minhas mais estonteantes companheiras. Sou de tirar o fôlego e arraso seu coração! É inegável que muita gente morre por mim".

"Cardiopaticamente Tabaco de Souza Cruz"

O texto acima é expressivamente contundente em afirmar que, ao se iniciar este vício, o teremos com "algo" ou "alguém" muito presente em nossas vidas. Podemos citar um caso real, em um dos nossos trabalhos de atenção ao tabagista, no ambulatório de saúde mental de Tupã-SP, em que um senhor, de 62 anos de idade, e fumante há 46 anos, no dia em que marcou a data para deixar de fumar, chorava copiosamente pelo fato de não saber mais lidar com a ausência de **"um companheiro de longa data de convivência"**. Mas felizmente ele superou **"a solidão"** pela ausência **"deste amigo"** e hoje é um ex-fumante de sucesso.

A seguir, para que se possa compreender a dependência da nicotina, emitiremos algumas definições essenciais que justificam a escravização causada por esta poderosa droga.

O que é dependência química? O uso e a necessidade, tanto física quanto psicológica, de uma substância psicoativa (ativadora do psiquismo), apesar do conhecimento de seus efeitos prejudiciais à saúde.

O que é compulsão? Forte desejo de consumir uma substância.

O que é tolerância? Necessidade de doses cada vez maiores da substância para alcançar efeitos conseguidos com doses menores.

O que é Síndrome de Abstinência? É o aparecimento de sintomas desagradáveis quando se pára o uso de uma substância.

A NICOTINA COMO DROGA

DEFINIÇÃO DE DROGA - "Qualquer substância química, natural ou sintética, uma vez introduzida em um corpo vivo, capaz de produzir efeitos sobre o funcionamento deste, resultando em mudanças fisiológicas ou de comportamento".

Características de uma DROGA

a) Dependência - física e/ou psicológica - é a perda de controle sobre o uso da droga.

b) Tolerância - Necessidade de se ingerirem quantidades cada vez maiores da substância, para se obterem os mesmos efeitos.

c) Abstinência - Conjunto de sintomas e sinais fisiológicos que surgem quando o uso da droga é interrompido.

A NICOTINA PREENCHE TODOS ESTES REQUISITOS

"O papel mais importante da Nicotina é reforçar e potencializar a vontade de fumar, atuando da mesma forma que a Cocaína, o Álcool e a Morfina, e obrigando o fumante a usar continuadamente o cigarro".

(Referência - *Falando sobre Tabagismo* - 3ª Ed. - INCA-1998).

O QUE É DEPENDÊNCIA DE NICOTINA?

Processo complexo envolvendo droga, indivíduo e meio ambiente, similar ao da cocaína e heroína. Ela é uma droga estimuladora do psiquismo.

Veja, abaixo, uma circular interna de uma empresa americana produtora de cigarros:

"Nicotina causa dependência. Portanto nosso negócio é vender nicotina, uma droga que causa dependência e é efetiva no alívio do estresse".

Addison Yeaman, brown & williamson, 17 de julho de 1963

Observem atentamente que a circular é datada de julho de 1963, portanto, já se sabia à época que era uma droga potencialmente viciante, e que somente há menos de 10 anos **"foi comprovado"** em pesquisas de laboratório, ou seja, na atualidade a humanidade dispõe de meios e recursos para não ser tão enganada como já fomos.

A FUMAÇA DO CIGARRO É TÓXICA?

A fumaça do cigarro, mistura de cerca de 4.700 substâncias resulta, da combustão incompleta da matéria orgânica contida nos derivados do Tabaco.

COMO OCORRE A COMBUSTÃO?

Na ponta do cigarro: combustão completa - oxigênio suficiente - temperatura - 835° C - 884° C.

Regiões do cigarro além da ponta: combustão incompleta - baixa concentração de oxigênio - formação de novos compostos.

PROCESSOS QUE OCORREM NA COMBUSTÃO

Pirólise - decomposição térmica de compostos orgânicos em pequenas moléculas.

Pirossíntese - formação de novos compostos pela recombinação de produtos intermediários instáveis, gerados durante a **pirólise.**

Destilação - passagem de substâncias, como a Nicotina, para a fase gasosa.

FARMACODINÂMICA DA NICOTINA

Absorção - Nicotina - alcalóide líquido - cor marrom - odor típico.

- É destilada a partir do Tabaco em combustão.

- É veiculada através da fase gasosa da fumaça e das partículas de Alcatrão.

- Sendo volátil - a principal via de entrada é inalatória - pelo cachimbo, charuto e cigarro.

- **Absorção** - pelas membranas das células sob forma livre, não ionizada.

- **Base fraca** - pH 8,5; quanto mais alcalina, maior a absorção pela boca (cachimbo - charuto).

Produto alcalino é obtido com a secagem das folhas ao ar livre.

- **Quando à secagem** é feita em fornos, a fumaça tem pH ácido - cigarros - e absorção é difícil pela boca.

- Um cigarro tem, em média, 8 mg de Nicotina, porém, a quantidade de Nicotina liberada para o fumante pela combustão, varia de 0,1 a 1,9 mg.

Distribuição

- Com a tragada, a fumaça chega ao cérebro em tempo médio de 9 segundos (7 a 19 seg.), após atravessar a barreira hematoencefálica.

Nos pulmões, a absorção é grandemente facilitada, por vários fatores:

1 - Grande superfície de absorção - 70 m2 - em cada pulmão adulto.

2 - Fluxo sangüíneo pulmonar rápido e abundante.

3 - Parede alveolar pouco espessa.

OS CAMINHOS DA NICOTINA

Avaliemos como se dá o processo respiratório.

INSPIRANDO

Quando uma pessoa inspira o ar (entrada do ar pelas narinas) enche os pulmões e o tórax se expande. Os brônquios levam o ar (Oxigênio) para os alvéolos (pulmões). As células sangüíneas absorvem o oxigênio do ar através dos alvéolos.

O sangue oxigenado sai dos pulmões para o coração, que o bombeia para as células dos órgãos do corpo.

As células sangüíneas levam oxigênio para as células dos órgãos do corpo.

O oxigênio ajuda as células a desenvolverem suas funções e a se reproduzirem.

EXPIRANDO

As células do sangue levam o gás carbônico eliminado pelas células dos órgãos do corpo.

O sangue retorna ao coração, que o bombeia de volta aos pulmões.

Nos pulmões, as células sangüíneas devolvem o dióxido de carbono (lixo respiratório) para o ar presente nos alvéolos, que é eliminado através dos brônquios.

O tórax se comprime e força o ar para fora.

Eu lhe pergunto, caro (a) leitor (a), que máquina maravilhosa é o nosso corpo, não?

Agora imagine todo esse processo feito com fumaça de cigarro! Para você ter uma idéia, ao fumar, você inspira alcatrão e derivados químicos. Estes não podem ser expelidos, ficando depositados, pois são de natureza cumulativa. Isto causa mudanças nas células e pode provocar diversos tipos de cânceres.

SUBSTÂNCIAS PSICOATIVAS: UMA REALIDADE

O gráfico abaixo revela, universalmente, as fases críticas em que os jovens se envolvem com as drogas, por diversos fatores, especialmente entre a faixa dos 13 aos 18 anos em que está buscando se auto-afirmar, através da busca de sua própria identidade ou do seu eu.

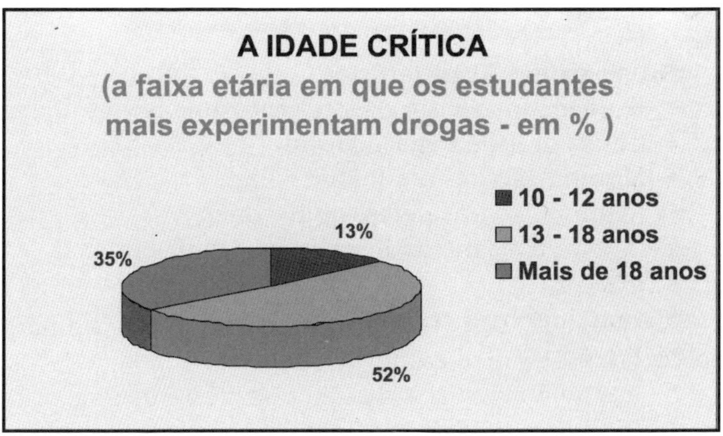

fonte - INCA - Instituto Nacional do Câncer

4.2 - DOENÇAS ASSOCIADAS AO TABAGISMO

Dentre todas estas drogas psicoativas (as que ativam o psiquismo da pessoa) está inclusa a nicotina, que é um alcalóide altamente tóxico que atua como estimulante e depressor cerebral, percorrendo os caminhos do corpo e causando os seguintes malefícios:

No Aparelho Cardiovascular:

- *A nicotina ao adentrar a corrente sangüíneas provoca o **aumento do ritmo cardíaco** e o **aumento da pressão arterial,** gerando vaso constrição (diminuição do calibre das veias).*
- ***Aumento da adesividade plaquetária** (formação de coagulação sangüínea).* O fumante tem dificuldades para realizar cirurgias em geral, devido a este fator, que dificulta o processo de anestesiar.
- ***Aterosclerose,*** doença crônica-degenerativa que leva à obstrução das artérias pelo acúmulo de lipídeos (gordura sangüínea) - colesterol - em suas paredes.
- ***Acidente vascular*** cerebral (AVC - conhecido como derrame cerebral).
- Infarto do miocárdio.

No Aparelho Respiratório:

- **Broncoconstricção** - Estreitamento das vias aéreas.
- Causa grande irritação local.
- Diminuição da motilidade ciliar.
- Diminuição das defesas pulmonares.
- Perda da elasticidade pulmonar (enfisema).
- Câncer.

Sistema nervoso central

- Tremores.
- Vômitos.
- Estimulação respiratória.
- Convulsões.

- Depressão respiratória.
- Morte - dose letal: 60 mg - SE FUMASSE, DE UMA ÚNICA VEZ, ENFEIXADOS, MAIS OU MENOS 8 CIGAROS E ABSORVESSE 100% DA NICOTINA DESTES CIGARROS, O QUE É IMPROVÁVEL.

FUMANTE PERDE 10 ANOS DE VIDA, DIZ ESTUDO.

Fumantes morrem mais cedo, em média, 10 anos mais cedo do que pessoas que não fumam.

Mas parar de fumar, mesmo aos 50 anos de idade, pode diminuir o risco pela metade, sendo a mais longa pesquisa já feita sobre o tema, divulgada no dia 22/06/2004 pelo DATA-FOLHA, DA FOLHA DE SÃO PAULO.

A pesquisa vem sendo feita, desde a década de 50, pelos especialistas, Richard Doll e Bradford Hill da universidade de Oxford.

O cigarro, até agora visto como fator secundário de envelhecimento da pele, já é considerado o principal causador de rugas profundas no rosto, especialmente nas mulheres.

FUMO PREJUDICA A CICATRIZAÇÃO APÓS CIRURGIAS

Pesquisas recentes mostram que a nicotina produz uma enzima que destrói as fibras que formam o colágeno, substância proteica das fibras da pele.

Fonte da pesquisa: Nagoya no Japão, em 2004.

Pessoas que fumam até 20 cigarros/dia, têm três vezes mais chances de apresentar necrose da pele (morte dos tecidos)

Há ainda risco aumentado de gangrena, porque as

substâncias tóxicas do cigarro provocam vasoconstrição (diminuição do calibre dos vasos sangüíneos). Por essa razão cirurgiões plásticos americanos estão deixando de operar pacientes que fumem mais de 20 cigarros/dia. Além do risco de necrose e gangrena há possibilidade de abertura da sutura e de a pele voltar a enrugar em razão da menor sustentação dos tecidos.

EFEITOS DA NICOTINA SOBRE O ORGANISMO

Todas as pessoas na população estão sujeitas a contrair as doenças, que serão listadas abaixo, no entanto o usuário de nicotina provoca um aumento substancial do risco de contraí-las, a saber:

DOENÇA CORONARIANA (25%)

- Angina.
- E infarto do miocárdio.

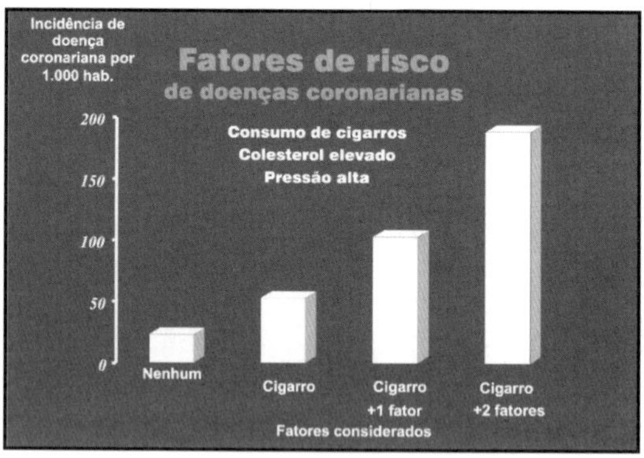

Fonte INCA - Instituto Nacional do Câncer

D.P.O.C. (85%) Doença Pulmonar Obstrutiva Crônica, que mata três brasileiros por hora.

- A pessoa é portadora de Bronquite Crônica e Enfisema pulmonar, sendo mortal a associação destas duas doenças.

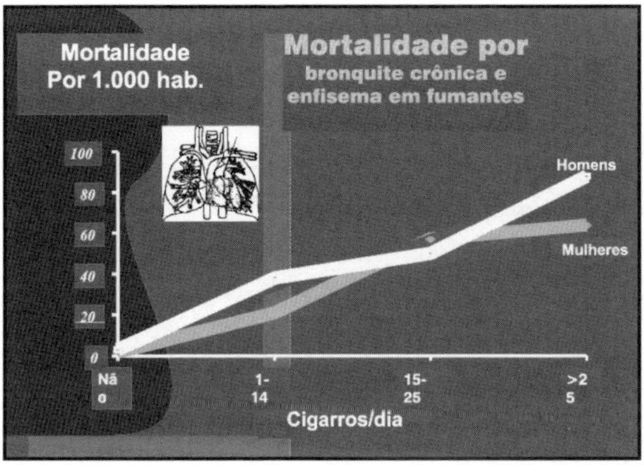

Fonte
INCA - Instituto Nacional do Câncer

É a quinta maior causa de mortalidade no Brasil, e a sexta no mundo.

Na tentativa de reverter esse Quadro, a Sociedade Brasileira de Pneumonologia e Tisiologia (SBPT) criou o programa: **respire e viva.**

A cidade de Santos foi a primeira a ser visitada pelo programa.

Das 1.357 pessoas que se submeteram ao exame, 33% (444 pessoas) têm DPOC.

O dado mais alarmante: boa parte dela nem desconfiava sofrer de uma doença incurável potencialmente fatal.

Além de desconhecida é silenciosa: **só 30 anos após o início dos danos nas vias respiratórias** é que a pessoa começa a apresentar sintomas mais claros de que está com a capacidade pulmonar comprometida.

Sintomas da doença DPOC:

- Falta de ar.
- Tosse constante.
- Subir escadas com dificuldade.
- Não conseguem caminhar.

• Muitos não conseguem falar.

A *DPOC* carateriza-se pela ocorrência simultânea de duas doenças que prejudicam o funcionamento dos pulmões:

1. ***A bronquite crônica*** (inflamação dos brônquios, que causa tosse e catarro constantes).

2. ***Enfisema*** - obstrução do tecido pulmonar (uma ferida) que provoca falta de ar. O enfisema não tem cura, apenas se aliviam os sintomas.

***O tabagismo é responsável por cerca de 85% dos casos* e 15% a 20% dos fumantes desenvolverão a doença.**

3. CÂNCER (30%)

• Pulmão, boca, laringe, faringe, esôfago, pâncreas, rins, bexiga e colo de útero.

DOENÇA CEREBROVASCULAR (25%)

• Derrame cerebral.

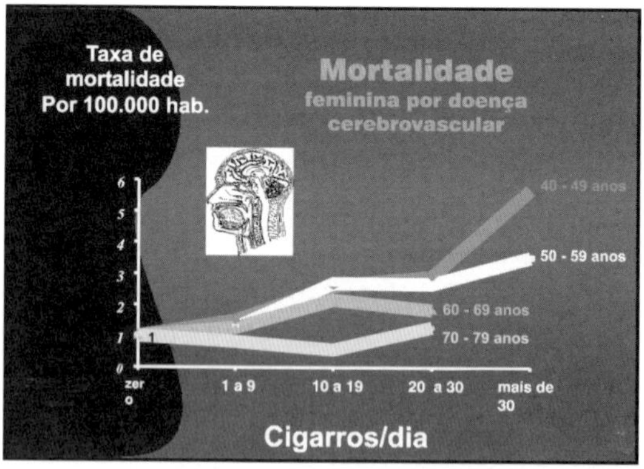

Fonte
INCA - Instituto Nacional do Câncer

Observe, no gráfico acima, que a alta mortalidade ocorre em uma faixa entre os 50 e 59 anos, em plena fase produtiva da existência que é quando o fumante apresenta mais ou menos de 20 a 30 anos de vício, justamente em razão de as doenças só aparecerem muitas décadas depois de iniciado o vício, como por exemplo, a DPOC acima citada.

O FUMO E A GRAVIDEZ

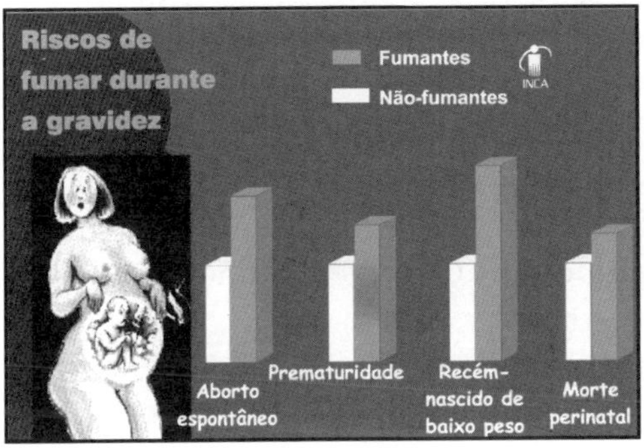

Fonte
INCA - Instituto Nacional do Câncer

Observe o gráfico, acima, e suas incidências no bebê e, posteriormente ao seu nascimento, as conseqüências abaixo relacionadas:

POR CAUSA DISSO:

- O feto pode nascer abaixo do peso e da estatura normais.
- Além de haver o risco de alterações neurológicas consideráveis no futuro do recém-nascido.
- Aborto espontâneo e complicações são riscos maiores entre gestantes que fumam.
- As substâncias tóxicas do cigarro aparecem também no leite materno de mães fumantes. ***Há um capítulo especial sobre os componentes do cigarro.***

Fonte -INCA - Instituto Nacional do Câncer

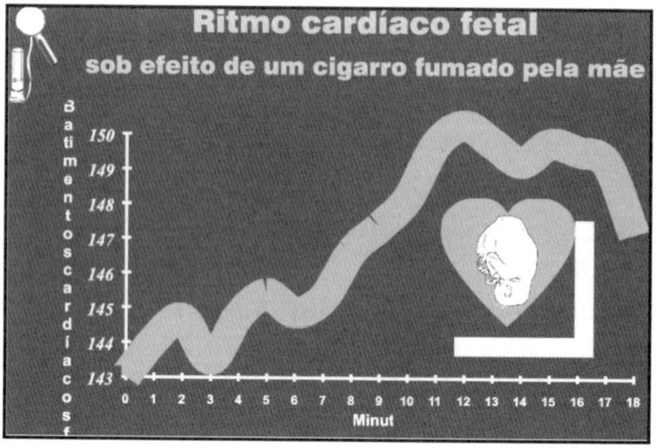

PULMÃO DE UMA PESSOA QUE FUMA

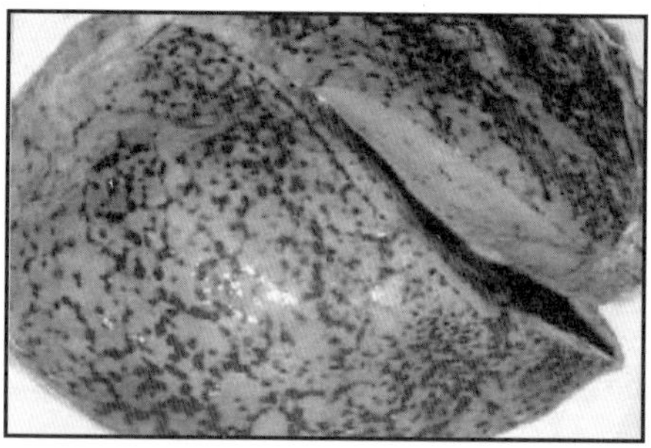

PULMÃO DE UM NÃO FUMANTE

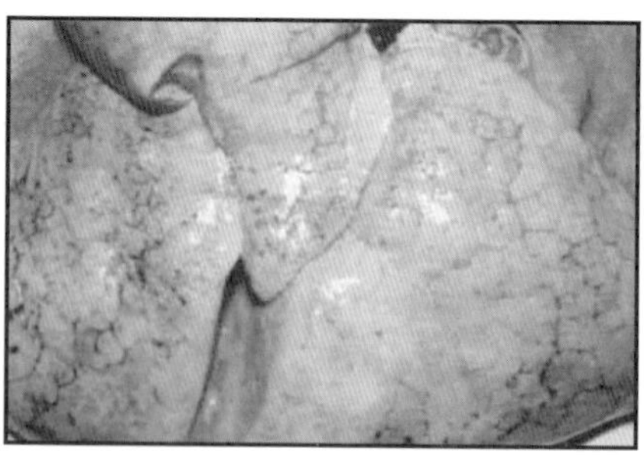

A seguir conheça a história de Bryan Lee Curtis, que foi fumante por vinte anos e fumou até uma semana antes da sua morte.

Ele se iniciou no vício da nicotina quando, com 13 anos, experimentou o cigarro pela primeira vez. A partir deste momento tornou-se dependente por vinte anos consecutivos, vindo a falecer no dia 03 de junho de 2002 (vide fotos abaixo). Ele fumou até uma semana antes de sua morte e solicitou que sua foto fosse divulgada mundo a fora com o propósito de se tornar exemplo para que as pessoas reflitam no vício de fumar. Ele vivia em St. Petsburg-Flórida. Após ter contraído um câncer de pulmão, vindo a falecer três meses após o início da doença.

3 meses antes do câncer de pulmão

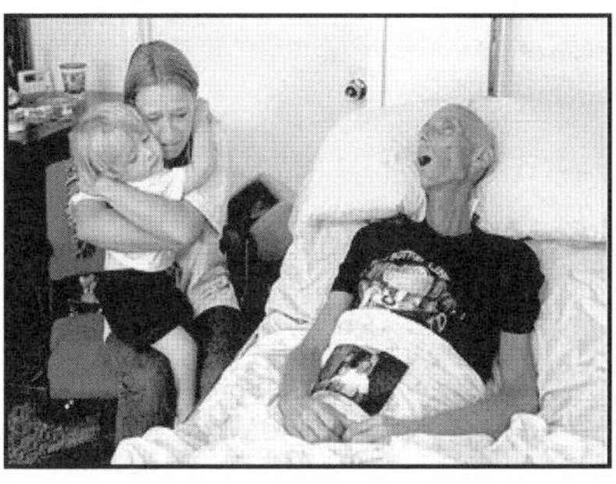

Dia da sua morte, 3 meses após iniciar o câncer

FUMANTE PASSIVO TAMBÉM MORRE OU FICA DOENTE

Observe o gráfico abaixo, sobre a absorção de fumaça de cigarro do não fumante, em ambientes domésticos e em local de trabalho. A afetação é intensa, na proporção da quantidade de usuários e consumo de cigarros/hora/dia, provocando, as mesmas doenças, que provoca no fumante.

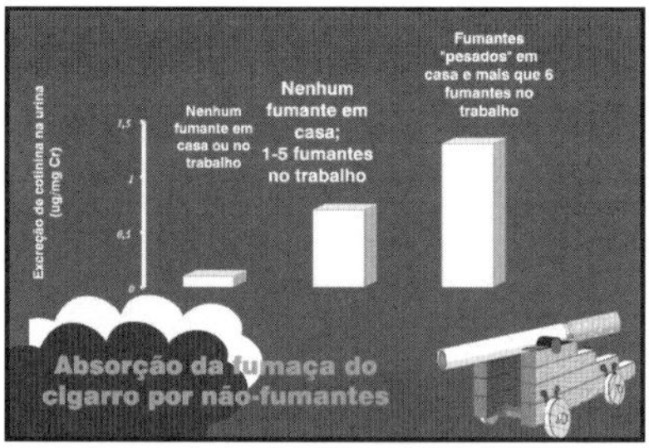

Na China, maior produtor e maior consumidor de cigarros do mundo, **80% dos médicos fumam** enquanto que, ***na Inglaterra, apenas 9%*** e, ***nos Estados Unidos, 7%. O Brasil com*** 25% de seus médicos baforando o seu tabaco, encontra-se num nível intermediário.

Pode-se deduzir que, quanto mais cultural e economicamente atrasadas, as pessoas estão mais sujeitas ao vício do tabaco.

A seguir apresentamos os gráficos de distribuição de fumantes, por região no Brasil e no mundo.

QUEM FUMA NO MUNDO?

- 900 milhões de pessoas nos países em desenvolvimento.

- 400 milhões de pessoas nos países desenvolvidos.

QUAL A PROPORÇÃO DE FUMANTES POR SEXO?

NO MUNDO

- 47% do sexo masculino
- 12% do sexo feminino

NOS PAÍSES EM DESENVOLVIMENTO

- 42% sexo masculino
- 24% sexo feminino

NOS PAÍSES DESENVOLVIDOS

- 48% sexo masculino
- 7% sexo feminino

ESTIMATIVA DE MORTES ANUAIS RELACIONADAS AO TABAGISMO.

Tabagismo é epidemia e como tal deve ser combatido.

O tabaco é o único agente que, não sendo bactéria nem vírus, tem caráter pandêmico pelos malefícios que causa à saúde.

É a maior causa isolada, *evitável,* de doença e de morte prematuras.

ÓBITOS OCASIONADOS PELO TABAGISMO NO MUNDO SEGUNDO A OMS.

Por ano 4.000.000
Por dia 11.000
Por hora 458
Por minuto 8

ÓBITOS DEVIDOS À TUBERCULOSE, TABAGISMO E AIDS DE 1980-1999, SEGUNDO A OMS-ORGANIZAÇÃO MUNDIAL DA SAÚDE.

TUBERCULOSE ....60 MILHÕES
TABAGISMO ....38 MILHÕES
AIDS ....12 MILHÕES

PROJEÇÃO DE ÓBITOS DE 2000 A 2030

TABAGISMO ....250 MILHÕES
TUBERCULOSE ....70 A 100 MILHÕES

Fonte - OMS-1999

Ao compararmos estes dados, pode se constatar, nitidamente, o número astronômico a que já chegou e como vão aumentar as mortes causadas pelo uso do tabaco, enquanto que nas outras doenças houve um recuo considerável, em razão de campanhas de conscientização e programas de atenção voltados para baixar o índice de doenças e mortes.

O diferencial do tabagismo reside no fato de o fumante demorar décadas para começar a apresentar os sintomas das doenças ocasionadas pelo tabaco. Por outro lado, somente nos últimos cinco anos é que o governo federal, através do INCA - Instituto Nacional do Câncer criou programas de atenção ao tabagismo.

MANUTENÇÃO DO ATO DE FUMAR

Muitas pessoas se perguntam, mesmo sabendo o fumante de tantos males causados pelo cigarro, por que mantêm o hábito de fumar?

Em regra geral, o fumante procura manter o hábito de fumar através de:

- Condicionamentos.
- Tentativa de evitar a síndrome de Abstinência.
- Aceitação Social - já não tão aceita.
- Dependência química da nicotina (física e psicológica).

90% dos fumantes começam a fumar até os 19 anos, para relaxar, pelo sabor, para preencher o tempo, para fazer alguma coisa com as mãos. "Mas, na maioria dos casos, as pessoas fumam porque sentem que deixar de fumar é muito difícil".

"Phillip Morris: apresentação interna, 1984".

Fonte; INCA - Instituto Nacional do Câncer

O QUE FAZ AS PESSOAS SE TORNAREM FUMANTES?

Segundo diversas pesquisas em todos os tempos e por diversos institutos especializados, a pessoa mantém o hábito de fumar por:

1. Publicidade.
2. Fácil acesso.
3. Modelos de comportamento.
4. Suscetibilidade individual.

TIPOS DE DEPENDÊNCIA CAUSADA PELA ADIÇÃO DE NICOTINA

DEPENDÊNCIA CEREBRAL:

A pessoa auto-administra a nicotina que vai atuar no cérebro, através de um sistema de recompensa, ativado pelo neurotransmissor, dopamina, que provoca uma sensação de prazer, e o indivíduo para voltar a sentir este ciclo de prazer reinicia com a auto-administração da nicotina.

DEPENDÊNCIA FÍSICA:

De acordo com o número de cigarros/dia a pessoa estabelece um padrão de consumo de nicotina para atingir o efeito desejado, ou seja, inicialmente uma pouca quantidade basta para que ocorram os tais efeitos de prazer e a ausência desta substância no organismo provoca a **SÍNDROME DA ABSTINÊNCIA.** *A dependência física é responsável pela Síndrome de Abstinência,* que apresenta os seguintes sintomas:

- ansiedade,
- dificuldade de concentração,
- agitação,
- irritabilidade,
- agressividade,
- tontura,
- desconforto abdominal,
- fissura: vontade intensa de fumar, que dura em média cinco minutos, persiste por meses e diminui progressivamente,
- agitação/irritabilidade,
- menor desempenho cognitivo,
- labilidade emocional,
- cefaléia - dor de cabeça,
- distúrbios do sono,

- sintomas depressivos.

A Síndrome de Abstinência inicia-se após 24 horas ou mais da retirada da nicotina e volta ao normal entre duas a quatro semanas.

DEPENDÊNCIA PSICOSSOCIAL:

É sempre relacionada às sensações que o indivíduo obtém do fumar:

- de prazer,
- de relaxamento,
- de aumento de criatividade,
- de preencher o tempo,
- de diminuição da solidão.

A NICOTINA RECOMPENSA:

- estados negativos,
- angústia,
- frustração e
- aumento dos rendimentos psicofísicos.

ESTABELECENDO OS CONDICIONAMENTOS

Quando uma pessoa busca e auto-administra a nicotina, com o tempo ela passará a estabelecer associações automáticas, que farão com que ela justifique o uso do tabaco, mas, na verdade, ela faz o uso em razão do grau de dependência que tem da nicotina.

ASSOCIAÇÕES AUTOMÁTICAS:

- Após as refeições,
- atividades intelectuais,
- após o cafezinho,
- ao beber,
- ao dirigir,
- Etc.

Conheça aqui as principais ilusões de quem está começando a fumar.

- **"É só uma brincadeira".** Você sabe que não é. Quantas pessoas que você conhece que querem parar de fumar e não conseguem? Se você não brinca com fogo... por que se arriscar a se "queimar", fumando?
- **"Eu paro quando quiser".** Só fazemos algo pela vontade quando temos controle de nós mesmos. No caso do cigarro, com a dependência física que a nicotina desenvolve, a partir da "brincadeira", o que acontece é que o cigarro tem agora um escravo a lhe obedecer 24 horas por dia. Sim, você virou escravo. Você que queria tanto sua autonomia.
- **"É "chic" fumar". "É moda fumar".** Hoje não mais. Hoje é o maior "Mico" (como dizem os adolescentes)! Esta idéia vem das propagandas maravilhosas, que prometem a realização mágica de todos os desejos... prazer, poder, sexo, amor e juventude. Mas, elas não mostram o único resultado que é uma certeza: a saúde debilitada daqueles que as filmaram ou até mesmo sua morte por câncer do pulmão.
- **"Eu que decido, faço o que quero".** Será? Bastou um "amigo" lhe oferecer um cigarro para você não suportar ser diferente, aquele que não fuma na turma... você o aceitou, mesmo quando seu organismo o rejeita violentamente e mesmo quando você sabe o quanto isto estaria fazendo mal a si mesmo.
- **"Ninguém me manda".** Você tem lutado com garra para se livrar dos pais dizendo-lhes o que pode e o que não pode fazer. Mas obedece piamente ao seu grupo de amigos.
- **"Fumo por prazer".** Que nada! Se você observar bem, por prazer mesmo você fuma apenas 1, 2, no máximo 3 cigarros ao dia - o resto é automatismo, é escravidão à nicotina, que tem de ser reposta em períodos certos...

DOENÇAS TABACO-RELACIONADAS E PREJUÍZOS À SAÚDE

Abaixo, uma relação de doenças ocasionadas pelo uso prolongado do tabaco, numa clara comprovação de que ele ataca todos os órgãos do corpo e não apenas o aparelho cárdio-respiratório como muitos acreditam.

1 - Infarto do miocárdio.
2 - Angina pectoris.
3 - Hipertensão.
4 - Aterosclerose.
5 - Acidente vascular cerebral.
6 - Tromboangeíte obliterante.
7 - Bronquite crônica.
8 - Enfisema pulmonar.
9 - Gripe.
10 - Pneumonia por *Legionella pneumophila.*
11 - Pneumonia por *Branhamella catarrhalis.*
12 - Pneumonite a colesterol.
13 - Tuberculose.
14 - Câncer do pulmão.
15 - Câncer da boca.
16 - Câncer da faringe.
17 - Câncer da laringe.
18 - Câncer do esôfago.
19 - Câncer do estômago.
20 - Câncer do pâncreas.
21 - Câncer da bexiga.
22 - Câncer do rim.
23 - Leucemia mielóide.
24 - Câncer do colo do útero.
25 - Câncer da mama.
26 - Doença de Crohn *(Mycobacteria paratuberculosis).*
27 - Úlcera do estômago.

28 - Úlcera do duodeno.
29 - Osteoartrite.
30 - Osteoporose.
31 - Catarata.
32 - Estomatite.
33 - Bronquite.
34 - Pneumonia.
35 - Amigdalite (crianças fumantes passivas).
36 - Otite (crianças fumantes passivas).
37 - Sinusite.
38 - Morte súbita infantil (crianças nascidas de mãe tabagista durante a gravidez).
39 - Sindactilia.
40 - Estrabismo.
41 - Lábio leporino.
42 - Prenhez tubária.
43 - Aborto.
44 - Descolamento precoce da placenta (tabagismo durante a gravidez).
45 - Placenta prévia.
46 - Diabete.
47 - Câncer da pleura (associado com asbesto).
48 - Aneurisma da aorta.
49 - Aneurisma abdominal.
50 - Câncer da próstata.
51 - Câncer do intestino.
52 - Câncer do reto.
53 - Linfoma.
54 - Menopausa precoce.
55 - Derrame subaracnóide na mulher com associação de anovulatórios.
56 - Periodontite.

(Dr. José Rosemberg, do seu livro: *Nicotina Droga Universal*))

4.3 - ESTATÍSTICA DE MORTES PREMATURAS ASSOCIADAS AO TABAGISMO.

MINISTÉRIO DA SAÚDE VÊ QUEDA NO CONSUMO DE CIGARRO

A pesquisa foi publicada no dia 01/06/2004, pelo Instituto Data Folha - da Folha de São Paulo - tendo ocorrido no período de 2000 a 2003 em 16 capitais brasileiras num total de 23.457 entrevistados com 14 anos ou mais, intitulada: "Inquérito domiciliar sobre comportamento de risco".

Em 16 capitais, taxa dos que deixaram de fumar chega a 58,3%.

Mas, na mesma pesquisa, divulgada pelo Inca - Instituto Nacional do Câncer foi verificado que o jovem difere desse comportamento, tendo sido constatado um aumento do consumo na faixa de 14 a 19 anos.

Esta constatação está embasada no fato de que, em razão de os problemas de saúde, no fumante, se demorarem a surgir, como vimos insistindo ao longo deste capítulo, comprovando tal assertiva.

Observe e analise os gráficos abaixo:

Capitais	Alunos que já experimentaram fumar (em %)	Estudantes que fumaram nos últimos 30 dias (em %)	Alunos que já fumaram mais de cem cigarros (em %) (**)	Alunos fumantes, com idades de 12 a 16 anos, que compram cigarro em lojas e não foram impedidos pela idade (em %)
Fortaleza	53	22	19	89,9
Campo Grande	49	20	27	88,8
Porto Alegre	48	21	35	78,2
Goiânia	47	15	31	87,2
Curitiba	46	15	18	83,4
João Pessoa	44	13	19	86,4
Boa Vista	43	14	16	78,3
Aracaju	42	15	18	88,6
São Luís	42	17	12	76,1
Natal	40	14	22	88,4
Vitória	34	10	15	60,2

O TABAGISMO NAS CAPITAIS BRASILEIRAS

Segundo o Ministério da Saúde

Capitais	Fumantes regulares (em %)	Proporção de fumantes regulares por escolaridade: Até sete anos de estudo (em %)	Mais de sete anos de estudo (em %)	Índice de cessação (*)
Porto Alegre	25,2	33,1	21,7	46,5
Curitiba	21,5	27,4	18,9	45,7
Florianópolis	21,4	26,5	18,8	46,6
Belo Horizonte	20,4	24,3	17,7	50,5
São Paulo	19,9	22,3	18,4	49,8
Fortaleza	18,4	25,0	13,7	48,3
Vitória	17,8	24,0	16,0	51,9
Rio de Janeiro	17,5	19,3	16,9	54,0
Manaus	17,5	22,7	13,1	45,7
Recife	17,4	25,8	11,5	48,8
Distrito Federal	17,3	23,1	14,1	50,4
João Pessoa	16,7	22,5	11,7	44,0
Belém	16,0	23,0	11,2	49,9
Natal	14,7	20,9	9,3	50,4
Campo Grande	14,5	16,8	11,7	58,3
Aracaju	12,9	19,7	7,9	50,9

Como se constata, os índices de uso do cigarro são altos e em uma faixa de idade em que a lei proíbe a compra de cigarros por menores de 18 anos.

Observe a constatação dos dados do gráfico abaixo:

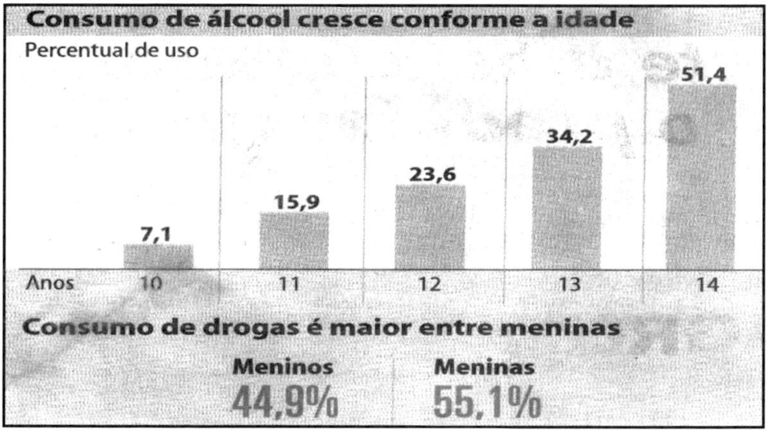

Pesquisa foi realizada em um universo de 943 alunos (478 meninos e 465 meninas) da 5ª à 8ª série da rede pública municipal de Santos (SP), dos quais 36,1 admitiram que já tinham experiência com consumo de drogas lícitas ou ilícitas.

O universo de entrevistados abrange 20% da população escolar na faixa etária de 10 a 18 anos.

Nesta mesma pesquisa, o instituto constatou o que já era sabido, mas que carecia de uma melhor definição, ou seja, todos têm muito medo das drogas, e quando se referem a drogas, as pessoas em geral estão se referindo a maconha, cocaína, crack, heroína e outras, mas nunca enquadram o álcool e o tabaco como drogas. No entanto, vide quadro na próxima página, as duas drogas mais consumidas nestas capitais que dizem respeito à pesquisa são o álcool e o tabaco, vindo abaixo destes, as demais drogas.

Fonte: Pesquisa DataFolha junho/2004

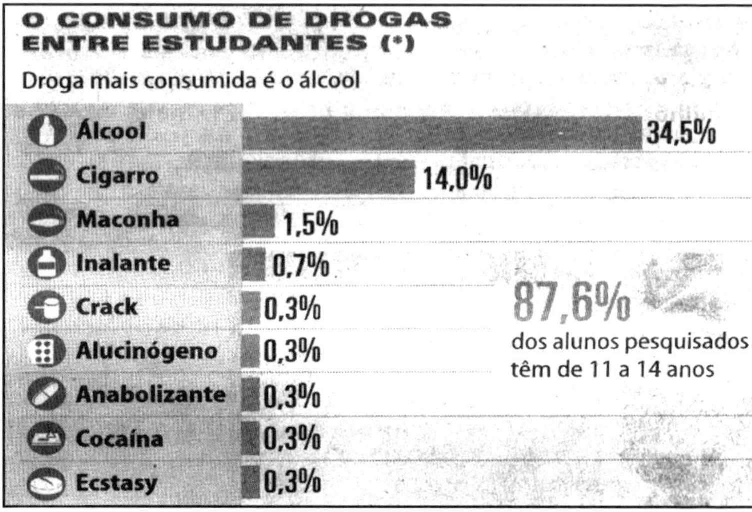

Estes dados nos levam à reflexão de que nada adianta a **"educação do terror"**, qual seja, a de impor medos nas pessoas para que elas não se envolvam com as drogas. O apelo ao uso de drogas em geral é muito grande, portanto, o que tem valor pedagógico é exatamente educar para compreender as conseqüências do uso de drogas, especialmente álcool e tabaco, que são drogas de fácil acesso. E quando falamos em educar, falamos em diálogo franco e aberto.

Não dá mais para esconder das pessoas e dos jovens que drogas em geral causam algum prazer, pois a modernidade da mídia e sua velocidade de informações escancaram qualquer realidade. No entanto é preciso vir acompanhada de orientações sobre suas conseqüências e que o uso abusivo irá causar distúrbios correspondentes à potência de cada droga.

Muitos podem ver nesta orientação como se fosse uma permissão para o uso de droga. Em absoluto. Estamos sendo sensatos e coerentes com a verdade, e ela precisa ser dita, mesmo que isso crie algum escândalo.

Isto seria mais escandaloso do que vermos adultos bebendo e fumando e dizendo às crianças e jovens que não devem fazer isto, pois prejudica suas vidas?

Como nós estamos, neste capítulo, tratando do uso do tabaco, se faz importante citar as frases abaixo, que fazem parte do programa de atenção ao tabagista, do Instituto Nacional do Câncer - **INCA** - denominado "Deixar de Fumar Sem Mistérios".

"O tabaco deveria estar permanentemente no banco de réus. Diariamente, deveria ser acusado de haver cometido novos crimes".

"O tabaco mata 11.000 Pessoas por dia no mundo. Dentre estes, leva 550 brasileiros".

"Não existe nenhuma arma de destruição em massa com este potencial letal, por mais insanos que possam ser vários dos líderes que nos governam".

Cigarro: você precisa saber o que tem dentro.

Em razão do acima exposto, é muito importante que você saiba o que contém o cigarro, que obviamente não é divulgado pelas empresas produtoras do país e do mundo.

É o caso *mais evidente de propaganda enganosa*, e que nossos governos, por muito lucrarem com esta indústria, não se preocupam em fazer valer a lei que proíbe o consumidor de ser enganado, numa clara demonstração da falta de respeito humano e preocupação com a saúde da população. E por outro lado, gasta milhões por ano com doenças ocasionadas pelo uso do tabaco. Vê-se que não temos governos inteligentes, apenas oportunistas e muito mal estrategistas.

"Na atualidade consomem-se diariamente 200 toneladas de nicotina, totalizando 73 mil toneladas por ano. Há no mundo mais de 1 bilhão e 200 milhões de fumantes consumidores de nicotina. Estima-se que 2 bilhões de pessoas não-fumantes inalam nicotina por viverem expostas à poluição tabágica ambiental. Mais da metade da humanidade inala nicotina diretamente quando são fumantes e indiretamente quando convivem com fumantes."

Organização Mundial da Saúde
Organização Panamericana de Saúde
U. S. Department of Health and Human Services
Convenção Quadro Internacional de Controle do Uso do Tabaco - 1999, 2000, 2001.

SUBSTÂNCIAS DO CIGARRO:

1. Amônia (NH3)

- Vicia.
- É usada na limpeza de pisos e azulejos.
- Pode cegar e até matar.
- É corrosiva para o nariz e os olhos.
- No cigarro, está presente em pequena quantidade, por isso não oferece risco imediato.

Os fabricantes dizem que a amônia serve apenas para acentuar o sabor do tabaco.

Mas há suspeitas de que a substância, na verdade, reforça o vício de fumar e ajuda a liberar a nicotina que é absorvida pelo corpo.

2. PROPILENOGLICOL (C3H8O2)

- Usado em desodorantes e spray.
- Faz a nicotina chegar ao cérebro.

Utilizado como umectante para hidratar o tabaco, já que 30% do cigarro são formados por um composto de folhas baratas, restos de fumo e poeira.

3. ACETATO DE CHUMBO PB (CH3CO2)

- Presente na fórmula de tinturas para cabelo.
- Cancerígeno, é cumulativo no corpo humano.
- Se inalado ou ingerido, atrapalha o crescimento de crianças e adolescentes.
- Provoca anorexia e dor de cabeça.
- A exposição prolongada ao produto gera câncer no pulmão e nos rins.

4. FORMOL (CH2O) - CONSERVANTE

- Provoca câncer no pulmão.
- Problemas respiratórios.
- Gastrintestinais.

5. NAFTALINA (C10H8):

- Náuseas.
- Anemia.
- Transtornos gastrintestinais.
- Provoca tosse, irritação na garganta.
- Usado para matar barata.

Os níveis de naftalina no cigarro são menores que a quantidade máxima recomendada, mas o contato prolongado com a substância ataca rins e olhos.

6. FÓSFORO (P4 OU P6)

- Venenoso e letal dependendo da porção ingerida.
- Entra na preparação de veneno para ratazana como o "racumin" e o "mão bransa".

As indústrias se recusam a informar a quantidade adicionada ao cigarro.

7. ACETONA (C3H6O)

Está na fumaça do cigarro.
- Removedor de esmalte.
- Entorpecente e inflamável.
- A inalação mata.

Em pequenas quantidades:

- Dá dor de cabeça e tontura.
- Irrita a pele e a garganta.

8. TEREBENTINA

Substância tóxica extraída da resina de pinheiros.
- Dilui tintas a óleo e limpa pincéis.
- A inalação irrita olhos, rins e mucosas.

Provoca:
- Vertigem.
- Desmaios.
- Danos ao sistema nervoso.

A quantidade encontrada no cigarro nunca foi revelada.

9. XILENO (C_8H_{10})

Inflamável e cancerígeno.

- Presente em tintas de caneta.
- A simples inalação irrita fortemente a vista.
- Se ingerido, provoca pneumonia.

Causa:
Tontura, dor de cabeça e perda de consciência.

Este produto tem sido encontrado em canetas esferográficas e por causa dos riscos que oferece à saúde, as indústrias estão retirando o xileno da composição de seus produtos.

10. BUTANO (C_4H_{10}): GÁS DE COZINHA

- Quando inalado, vai direto para o pulmão.
- Mortífero e altamente inflamável (toma o lugar do oxigênio e é bombeado para o sangue).
- Causa falta de ar.
- Causa problemas na visão e coriza.

Cheirar Butano é mais prejudicial que fumar Crack.

Resumindo, este capítulo informa que o tabagismo é responsável por índices de mortes em escalas estratosféricas, numa evidente constatação de que é, hoje, uma epidemia, uma pandemia tabágica, de proporções em número de morte, somente ocorridas em grandes guerras.

De todas as entradas na rede pública das doenças adiante relacionadas, que ocasionam a morte do paciente, o tabaco é diretamente responsável por:

90% dos Cânceres de Pulmão.

80% das Bronquites crônicas e Enfisemas pulmonares.

33% dos Infartos do coração.

50% dos Infartos fulminantes na idade que compreende entre 40 a 55 anos.

Pesquisa publicada na Revista Veja de maio de 2007, realizada pelo Laboratório Pfizer que contou com a participação de 4.253 fumantes em todo o Brasil

Quando começaram

• 53% deram a primeira tragada entre 16 e 20 anos de idade.

• 32,5% começaram entre 10 e 15 anos.

• As mulheres, em geral, começam a fumar mais cedo: - 36% iniciaram entre 10 e 15 anos de idade, contra 29% dos homens.

Quanto fumam

• 47% fumam de onze a vinte cigarros por dia.

O grau de dependência

• 30% acendem o primeiro cigarro até cinco minutos depois de acordar.

• 56% dos fumantes, dizem que o primeiro cigarro do dia é o que dá mais prazer.

Querem parar mas não conseguem

• 91% já tentaram parar de fumar pelo menos uma vez.

• As primeiras justificativas para o fracasso foram a falta de força de vontade e os sintomas da síndrome da abstinência.

CAPÍTULO 5

DROGAS: CONSEQÜÊNCIAS ESPIRITUAIS

(Este capítulo foi adaptado e ampliado do capítulo 10 do livro *Tóxicos Duas Viagens*, de Eurípides Kuhl, denominado o Espiritismo e os Tóxicos e de *O Livro dos Espíritos*, 25ª edição do Instituto de Difusão Espírita - IDE).

É muito importante esclarecer ao leitor que ainda não excursionou pelo conhecimento da Doutrina Espírita que a vida não existe só no mundo físico, estando ela presente em todo o universo, sendo que o Espírito quando presente no corpo físico o denominamos de alma ou Espírito encarnado e quando fora do corpo - vivendo no mundo dos Espíritos - o chamamos de Espírito ou Espírito desencarnado. Isto significa que o Espírito vive tanto no corpo como fora do corpo. Quando fora do corpo - vivendo no mundo dos Espíritos - eles estão por toda parte. Povoam infinitamente os espaços infinitos. Estão sempre ao derredor das pessoas, observando e agindo sobre a humanidade sem que esta os perceba, por serem uma das forças da Natureza e instrumentos de Deus. No entanto, nem todos vão a toda parte, havendo regiões interditadas aos menos adiantados.

Quando se encontram na Terra, esta é uma oportunidade permitida por Deus para o ajustamento de seus débitos acumulados - pois já viveram outras experiências na vida carnal, a que chamamos de reencarnação - com a finalidade de poder exercitar e também ampliar conhecimentos que já tenham adquirido.

Ainda sobre o princípio espírita, há uma lei muito importante, que rege a vida de todos nós, quer quando encarnados quer desencarnados, denominada de livre-arbítrio, sendo os Espíritos livres para pensar, agir e viver segundo seu entendimento da realidade, porém arcando com as conseqüências dos seus atos. O livre-arbítrio se desenvolve à medida que o Espírito adquire consciência de si mesmo.

Através do livre-arbítrio é que se processa a evolução espiritual. O Espírito pode adquirir virtudes através do banimento de seus defeitos morais. Isto se dá nos dois planos, no material quando o Espírito está encarnado e no mundo espiritual, quando desencarnado, sendo denominados respectivamente de nascimento e morte. Portanto, para o Espiritismo não existe a morte a não ser somente do corpo físico.

Quando na erraticidade - desencarnado - o Espírito, auxiliado pelos Espíritos Superiores, se auto-avalia definindo erros e acertos da experiência física, reprogramando nova existência corporal. Isso acontecerá tantas vezes quantas forem necessárias à sua evolução, no contexto terreno. E a isto o Espiritismo denomina REENCARNAÇÃO.

Sugerimos ao leitor, para melhor compreender a Doutrina Espírita, que leia as Obras Básicas, a saber: *O Livro dos Espíritos; O Evangelho Segundo o Espiritismo; O Livro dos Médiuns; Céu e Inferno; A Gênese* e *Obras Póstumas.*

5. 1 - O HOMEM E SEU DESTINO

Este item foi adaptado a partir de um texto de Eurípides Kühl, publicado no site www.espirito.org.br extraído do livro: "TÓXICOS - Duas Viagens" (cap. 17, págs. 136-160. Editora Espírita Cristã Fonte Viva).

Ouve-se, amiúde, dizer que os sofrimentos são devidos ao "**karma**"

Mas o que seria "karma"?

A palavra karma originou-se do sânscrito e literalmente significa: Ação.

Contudo, hoje em dia, o karma associa-se a:

- "*Ação e reação*".
- "*Causa e efeito*".
- "*Choque de retorno*".

O que, basicamente, não altera seu fundamento.

Podemos dizer também que o *karma* é o vetor principal resultante de todos os atos (bons e maus) praticados pelo homem, constituído da somatória de vetores menores.

Voltamos a repetir, agora com outras palavras: *os vetores que constituem o vetor principal são as ações praticadas consciente ou inconscientemente, no bem ou no mal - desde sua criação.*

Assim, pode-se avaliar que existirá para cada indivíduo:

"bom karma", como também ***"mau karma"***.

Para nós, espíritas, o entendimento dos fatos que vivenciamos - felizes ou infelizes - fica facilitado pela plena aceitação da lei de causa e efeito, de acordo com a codificação Espírita, realizada por Allan Kardec

Lei essa que, vale considerar, tem ciclo dinâmico, em que, embora o indivíduo esteja vinculado à responsabilidade do ato praticado, é capaz, ou pode:

- atenuar,

- desgastar,
- alterar,
- aliviar,
- mudar, direcionando o viver em bases outras, com isso reequilibrando o passado,
- e mais importante ainda: programar seu futuro!
- os maus atos arremessam os agentes à dor; os bons, à paz!

Como o homem decide a prática de boas ou más ações?

- Pelo livre-arbítrio.
- Ao criar o espírito humano Deus concedeu-lhe a faculdade de decidir e praticar o que quiser.
- A natureza é dinâmica e a vida induz todos os seres vivos à ação.
- Só o homem pode optar entre agir bem ou mal, pois, pela inteligência, tem o dom da análise; e, pela moral, um guia interno infalível, que é a sua consciência.

Sua existência, feliz ou infeliz, será determinada pela balança que pesa seus atos, **sendo que terá a plena felicidade quando o prato das boas ações for positivo e o prato das más ações, peso zero.** Enquanto isso não ocorre, o Espírito é somente relativamente feliz. ***Assim, seu destino é por ele mesmo traçado.***

5.1.2 - O QUE É DESTINO?

Aceitas as considerações anteriores, não será impróprio deduzirmos que tudo o que acontece à criatura humana, *de bom ou de ruim,* é causado por ela própria e somente por ela!

Deus não pune nem premia.

As leis naturais são imutáveis e eternas e, em essência, são a justiça.

Alertou Jesus: "*A cada um, segundo suas obras*".

Paulo, o apóstolo dos gentios, relembrou o que disse Jesus:

"*Aquilo que o homem plantar; aquilo mesmo terá que colher*", em Gálatas: 6-7.

Quando uma criatura acumula débitos perante a justiça divina *(leis naturais)*, esta lhe concede as oportunidades necessárias para o devido resgate, muitas vezes realizadas parceladamente, em várias existências físicas.

Explica-se assim o fenômeno lógico das vidas sucessivas, nas quais a criatura humana, conservando a individualidade, liberta-se das más tendências, adquirindo ou aprimorando virtudes.

Isso acontecerá, inexoravelmente, pelo amor ou pela dor. Neste mundo, infelizmente, predomina a segunda hipótese.

Ainda em relação aos destinos do homem na Terra, anexamos o artigo abaixo, de Saara Nousiainen, para que possamos melhor refletir sobre as conseqüências do nosso viver neste mundo.

Por que tudo mudou?

"A segunda metade do século XX trouxe alterações profundas em todos os setores da vida humana. De repente, lá pelos anos 60, tudo começou a mudar. No bojo da comunicação cada vez mais rápida, abrangente e envolvente, veio todo um mundo de novos modismos, cimentando mentalidades e posturas de vida nunca imaginadas.

As ciências que estudam os comportamentos ficam sem saber o porquê do que acontece, e passam a explicações as mais variadas, nem sempre com qualquer fundamento. O Espiritismo, no entanto, tem todas essas respostas, incrivelmente simples e plenamente satisfatórias.

Sabemos que nos anos 50, grandes contingentes de Espíritos umbralinos tiveram permissão para reencarnar, e com eles vieram também os seus acompanhantes, ou seja, nos anos 60 tínhamos entre nós milhares de Espíritos umbralinos e mesmo trevosos, já reencarnados, e outros tantos ou ainda mais imperfeitos, na mesma condição espiritual. Essas presenças entre nós, emitindo continuamente pensamentos e emoções de caráter inferior e insuflando todo tipo de idéias, ações e atitudes aos encarnados, conseguiram mudar o mundo em poucos anos e implantar seus conteúdos no psiquismo coletivo da humanidade. Vejamos, então, alguns detalhes sobre o que mudou.

A violência está presente no psiquismo da humanidade. E não adianta dizerem que ela é motivada pelas pressões sociais, pelo estresse, pelas dificuldades da vida e outras tantas... Ela está presente no próprio ar, em tudo. As pessoas nem sabem por que estão violentas. Um filme, para ter sucesso, precisa ter muita violência, muito sexo, ou muito horror...

E as drogas, então?... Esse dragão monstruoso que anula os valores nas mentes de seus usuários. E aí, vemos jovens, até mesmo adolescentes, matarem os próprios pais, irmãos, avós, com a maior tranqüilidade, como se estivessem tomando um picolé...

E a prostituição infantil? Só mesmo uma alma profundamente degenerada, pervertida, pode ter prazer em fazer sexo com uma criança... E hoje é comum o próprio pai estuprar a filha. E em muitos casos a criança estuprada é ainda um bebê... Ninguém pode negar que há milhares de "monstros" humanos vivendo entre nós.

Chico Xavier conta que nos anos 40 foi levado em corpo astral a uma comunidade espiritual, numa região do *Umbral

---

* Região Astral onde o Espírito desregrado permanece temporariamente, até que lhe seja permitida nova encarnação.

inferior. Lá estava acontecendo uma gigantesca festa, pois aquela comunidade tinha recebido autorização para reencarnar. E Chico ficou muito impressionado ao observar que aqueles Espíritos eram inteiramente voltados ao sexo. Muitos exibiam órgãos sexuais agigantados e deformados e até a arquitetura local estava saturada de sexo. Na ocasião, diz o Chico, estava acontecendo uma espécie de procissão carnavalesca, cujos carros alegóricos eram enormes representações de órgãos sexuais.

Imagine, então, esse tipo de seres invadindo os ambientes humanos e reencarnando entre nós.

Mas, sabe-se que não foram só os sexólatras, **mas também os viciados em drogas,** os criminosos de toda natureza e outros, que tiveram a mesma permissão. É claro que esse tipo de presenças entre nós só poderia mesmo fazer nossa humanidade mergulhar num caos moral-espiritual como este. Só mesmo companhias como aquelas poderiam insuflar tantos e tão degradantes vícios e tão infernais comportamentos.

Outra coisa: Por que hoje há tantas pessoas "encostadas" em suas famílias? São criaturas, principalmente homens, que não se interessam pelo estudo, nem pelo trabalho. Passaram e passam os anos da adolescência e juventude cuidando só de suas curtições e, então, os encontramos aos milhares, vivendo como parasitas, encostados à família e até mesmo aos amigos, plenamente acomodados nesse parasitismo, vivendo apenas os seus vícios e modismos. Como você explicaria esse fenômeno?

Muitos Espíritos têm falado através dos mais diversos médiuns, e em lugares os mais distantes, sobre essas zonas espirituais mais baixas, conhecidas como Umbral. E eles descrevem com detalhes como são aquelas regiões e como vivem os Espíritos que lá habitam: em completa ociosidade. São criaturas com características idênticas a esses encostados de que falamos. E veja que eles receberam permissão para reencarnar, a partir dos anos 50.

E os marginais? Essa classe social, ou anti-social, consideravelmente grande e que começou a surgir também a partir dos anos 60? Sem dúvida, são dessa mesma turma dos encostados, só que reencarnaram em famílias pobres que não podem dar-lhes o que eles querem para sustentar seus vícios e curtições. E, então, em vez de procurarem esses recursos através do trabalho honesto, que não lhes agrada, eles partem para o roubo, o assalto, o tráfico de drogas e tudo o mais que lhes dê dinheiro, sem o esforço do trabalho, como é praticado numa sociedade normal. Os que reencarnaram em famílias de boas condições financeiras podem usufruir delas e se locupletar com tudo que satisfaz seus Espíritos desviados do bem e da ordem. Então, vemos "filhinhos de papai" divertindo-se adoidadamente, perturbando, molestando, prejudicando e até matando, em suas curtições desenfreadas e irresponsáveis. É o caso de perguntar: por que os poderes superiores deram tal permissão? Qual a razão destas reencarnações?

Pelo que informam alguns Espíritos, essa medida teve três finalidades: uma, a de dar a essas levas de criaturas moralmente atrasadas uma última oportunidade no planeta Terra para se regenerarem. A outra, para promover a quebra dos antigos valores, assentados mais na hipocrisia do que em virtudes. E a última, para produzir uma definição segura dos valores de todas as pessoas, visando a uma seleção, uma triagem que deverá definir quem fica e quem será expulso da Terra, ou passará a reencarnar em comunidades primitivas, para que a humanidade terrena possa iniciar um novo ciclo evolutivo, com justiça e fraternidade.

Aí, alguém pode estar perguntando: como é isso de ficar ou ser expulso da Terra?

Em *A Gênese,* Kardec fala em remanejamentos entre comunidades planetárias, e diz que o *Juízo Final* se refere exatamente a um desses eventos, nos quais, aqueles que forem classificados como os da esquerda do Cristo, são deportados para algum mundo inferior. Isto, como medida de saneamento moral-espiritual. E esses Espíritos deportados, então, reencarnando como filhos dos seres primitivos que lá habitam, terão uma nova oportunidade para se arrepender e refazer os próprios caminhos, e, ao mesmo tempo, estarão ajudando o progresso material e intelectual daquela humanidade primitiva, em pior evolução intelecto-moral.

Quanto aos critérios da seleção que deverá decidir o destino de todos nós, Jesus os definiu inúmeras vezes e com exatidão, principalmente quando disse que o Rei vai separar os bons e os maus; os bons ficarão a sua direita e herdarão a Terra, e os maus a sua esquerda, e serão lançados às trevas exteriores. E ele dá detalhes: os bons são aqueles que amaram o próximo, a ponto de ajudá-lo em suas dificuldades, dando comida ao faminto, roupa ao nu, visitando o doente e o prisioneiro, ou seja, vivenciando a solidariedade, o amor posto em ação.

Como se vê essa seleção é feita levando-se em conta a vivência, a conduta das pessoas. "Assim, é fácil entender que não são as religiões que vão tutelar a "salvação", mas apenas os valores (fraternidade, honestidade, justiça, humildade, etc.) adquiridos e aplicados nos pensamentos, palavras, sentimentos e ações".

A seguir, apresentamos uma narrativa do Livro "*Novas Luzes*", para que se possam compreender as conseqüências das drogas no campo espiritual.

"Tanto o céu quanto o inferno da terminologia teológica, começam nos caminhos do mundo, em experiências diversas da criatura humana."

Os vícios constituem, nesse capítulo, autêntico chamariz às quedas mais espetaculares no abismo da dor.

O vício, em boa sinonímia, *quer dizer hábito destrutivo.* Toda cautela possível no comportamento diário é necessária, para que a criatura se eduque cada vez mais a caminho da paz e da tranqüilidade. Um grande incêndio pode ter início numa simples faísca acesa.

EIS A NARRATIVA:

"A esta altura adentramos região de trevas, onde tivemos de dinamizar nossas vibrações individuais, projetando discreta claridade no ambiente.

Nesse exato momento visualizamos um jovem em lamentável situação de angústia e dor, muito serenamente, Calvino informou-nos:

• Este nosso irmão vive nestas condições, conflitado e demente, há três anos, jamais lhe faltou assistência de benfeitores dos planos mais altos, dentro dos limites estabelecidos pela lei, contudo, só ultimamente tem conseguido registrar vibrações superiores.

O rapaz, que se chamava Albertino, gemia como se sofresse doloroso pesadelo.

Sua expressão facial traduzia desespero e pavor.

Em seguida, o mentor esclareceu-nos:

• Estamos diante duma vítima do tóxico. O problema é delicado e exige de nós o máximo de compreensão.

• Albertino deixou o plano físico com a idade de vinte e seis anos, após insuflar nas artérias excessivas doses de cocaína.

• Viciado fazia mais de oito anos, vinha paulatinamente degenerando seu organismo, com graves distúrbios no campo psíquico.

Sem que me pudesse controlar ante a inusitada experiência, levantei uma questão:

1. O tóxico, além de alterar a saúde física, abala a estrutura íntima da alma?

O orientador, pacientemente, explicou-me:

• A droga lembra o cupim, animáculo que corrói madeira, causando quase que ocultamente danos irrecuperáveis.

• Inicialmente o indivíduo invigilante ingere pequena dose, sem atinar para as conseqüências do ato praticado.

• Em seguida outra e mais outra. A progressão das doses e o uso variado do alucinógeno estabelecem a dependência que em si representa não apenas problema fisiológico, mas, sobretudo, espiritual, deteriorando continuamente os centros vitais magnéticos.

• Todo o sistema nervoso é atingido juntamente com o aparelho circulatório, respiratório e região gastrintestinal.

• A essa altura são igualmente prejudicadas as glândulas sudoríparas e endócrinas.

• Os neurônios, células delicadíssimas do cérebro, passam também a desgastar-se e, conseqüentemente, se estabelece o enfraquecimento da vontade, apesar de toda a reação dos anticorpos nos mais diversos sectores da fisiologia.

Foi nesse ponto das considerações altamente valiosas que formulei outra pergunta:

2. E o problema obsessivo, onde fica?

• As atitudes da pessoa - elucidou gentilmente - têm sempre repercussão no plano invisível. As boas ações encontram ressonância nas faixas elevadas, enquanto as más buscam sintonia com as sombras, isto é, com as zonas da ignorância e do sofrimento.

• Considerando a circunstância, devo dizer que a pessoa a quem prestamos amparo neste momento está ligada por vigorosos laços magnéticos a entidades sombrias, desde os seus primeiros passos na ribanceira do vício."

5.1.3 - DROGAS: CONSEQÜÊNCIAS ESPIRITUAIS

• O corpo humano é um maravilhoso empréstimo da vida para a vida.

• Qualquer excesso, qualquer abuso, qualquer uso indevido, repercutirá na consciência, alertando quanto aos prejuízos.

• Isso é válido para qualquer desregramento. Tudo o que contraria o equilíbrio somático desajusta a harmonia do trinômio: corpo, perispírito e Espírito, e vice-versa.

• Tais desajustes começam por provocar doenças no corpo físico e terminam por carrear inenarráveis tormentos espirituais.

Alerta-nos o Espírito André Luiz, em *Evolução em dois Mundos*, ed. FEB, cap. XX - "invasão microbiana" que:

• *"As depressões criadas em nós por nós mesmos... Plasmam nos tecidos fisiopsicossomáticos que nos constituem o veículo de expressão, determinados campos de ruptura na harmonia celular... As conseqüentes tumorações invasoras (mutação de células sãs), no início, obedeceram à determinada distonia, originária da mente..."*.

Diz mais aquele bondoso mentor:

• Nossos desequilíbrios mentais causam rupturas nos pontos de interação entre o perispírito e o corpo físico, ensejando assalto microbiano consentâneo com nossos débitos de vidas passadas... Aqui nós podemos afirmar sem sombra de dúvida um grande princípio da lei espiritual, anunciado por Jesus: **"A cada um segundo suas obras e merecimentos".**

Como doenças físicas provocadas por desregramentos resultam em danos e tormentos espirituais?

São informações do Espírito André Luiz, em *Missionários da Luz*, cap. XVII, p.129 e 130.

• O homem encarnado possui excedente da sua silhueta física, enfeixando sua aura astral, um campo espiritual de defesa, "*qual túnica eletromagnética,* a aura humana, *à maneira de campo ovóide, plasmando telas vivas, qual couraça vibratória, espécie de carapaça fluídica*".

Vemos na revista *Reformador* de outubro/97 um bem fundamentado artigo doutrinário ***("responsabilidade no fumar"),*** em que o autor, Geraldo Goulart, expõe valiosas informações sobre essa tela na aura que, uma vez rompida (com "buracos", causados por vícios), o mecanismo natural de proteção do ser humano não mais impede o trânsito de energias bastardas entre *os centros de força* que alimentam o espírito e o perispírito. Aí, sobrevêm as provações obrigatórias...

• Sabemos nós, espíritas, que tais energias bastardas formam clima astral negativo, advindo e formado pelos miasmas produzidos pelos bilhões de pensamentos - majoritariamente infelizes - que, no rastro dos vícios, em estado permanente entrecortam a psicosfera terrestre.

• Infrações violentas, **tais como os tóxicos**, rompem essa "carapaça fluídica" do homem *e as conseqüências são a devastação da saúde física e até a morte,* às vezes precedidas da loucura. Depois... Os tormentos espirituais.

Quais seriam os desregramentos considerados infrações violentas às leis naturais?

• **Crueldade:** para com o próximo ou com os animais.

• **Suicídio:** em alguns suicídios, terceiros podem estar envolvidos, como agentes indutores, quase sempre de forma indireta, serão também responsabilizados pelos grandes sofrimentos que experimentarão os suicidas, aos quais poderiam ter auxiliado e, no entanto não o fizeram.

• **Suicídio indireto** (todas as formas abaixo o representam):

1. **Desprezo ao perigo:** atos arriscados de imprudência/irresponsabilidade.
2. **Excessos: na alimentação** (glutonaria = comer vorazmente).
3. **No trabalho** (ser um "*workaholik*", isto é, um trabalhador compulsivo, infatigável - não apenas na profissão, mas também nas artes em geral, e até mesmo na dedicação a atividades assistenciais, com tais procedimentos descuidando da saúde física - má alimentação, não dormir, etc.).
4. **Lazer em tempo integral** (vida sem quaisquer realizações morais, ocupando todo o tempo em atividades mundanas, festivas, esportivas etc.)
5. **Sexo desvairado.**
6. **Vícios:** jogo, alcoolismo, tabagismo, toxicomania (uso de drogas).
7. **Aborto:** todos os envolvidos e não apenas a mulher grávida...
8. **Eutanásia:** grave equívoco humano, muitas vezes tido à conta de "morte piedosa", eufemismo que na verdade representa, da parte do paciente, fuga de compromissos reencarnatórios, os quais terão que ser cumpridos em existências futuras; da parte dos que o promovem, co-

responsabilidade, acarretando-lhes dificuldades futuras, eis que nada mais nada menos, são *transgressores conscientes* das leis da vida - esta, atribuição, exclusiva, é de Deus.

9. **Hipocondria:** ingestão compulsiva de medicamentos, quase sempre para doenças imaginárias.

Como é a vida de um desencarnado toxicômano?

- Ao desencarnar, o perispírito mantém integralmente as mesmas sensações experimentadas na jornada terrena.
- Encontram no mundo espiritual, inúmeros Espíritos, similares, em tendências, gostos, graus de evolução.
- Com eles conviverá, pela sintonia e atração, vibratórias.
- O toxicômano, em particular, conviverá com desencarnados viciados.
- Verá que o perispírito (matriz do seu corpo físico) está depauperado, destrambelhado, cheirando mal, repleto de náuseas e mazelas - frio, fome, dor...
- Desgraçadamente, terá consciência desses tormentos, de maneira plena e permanente: não dorme, não desmaia...
- Fica vagando por regiões umbralinas, sem água, sem sol.
- Contudo, a caridade de Deus, permanentemente amparando Seus filhos, também ali se manifesta, a todos os instantes. *Bastará um único pensamento sincero* voltado ao arrependimento, e esse sofredor, no mesmo instante, receberá ajuda do plano maior, onde operam os prepostos de Jesus.

Quais os tormentos provocados pelas drogas no perispírito?

Na obra *Missionários da Luz*

André Luiz (pág. 221 — edição FEB), lemos:

"O corpo perispiritual, que dá forma aos elementos celulares, está fortemente radicado no sangue".

O sangue é elemento básico de equilíbrio do corpo perispiritual.

Em evolução em dois mundos, o mesmo autor espiritual revela-nos que os neurônios guardam relação íntima com o perispírito.

Comparando as informações destas obras com as da ciência médica, conclui-se que a agressão das drogas ao sangue e às células neuroniais também refletirá nas regiões correlatas do corpo perispiritual em forma de lesões e deformações consideráveis que, *em alguns casos, podem chegar até a comprometer a própria aparência humana do perispírito.*

Tal violência concorre inclusive para o surgimento de um acentuado desequilíbrio do espírito, uma vez que "o perispírito funciona em relação a este, como uma espécie de filtro na dosagem e adaptação das energias espirituais junto ao corpo físico e vice-versa".

Por vezes o consumo das drogas se faz tão excessivo que as energias, oriundas do perispírito para o corpo físico, são bloqueadas no seu curso *e retornam aos centros de força.*

Na obra *A vida Humana e o Espírito Imortal.*

"...Assim, quando desencarna, o seu perispírito desfigurado pela ação corrosiva etéreo-astralina do álcool plasma um aspecto larval, vampírico e horrendo, que impressiona e assusta as almas mais tímidas! Aí, na Terra, o corpo desfigurado, bamboleante e repulsivo, reflete a desagradável plastia da sua organização perispiritual, cujo tecido delicadíssimo é profundamente sensível às ações mentais".

Vejamos a ação das drogas no perispírito do ponto-de-vista da medicina:

Revela-nos *a ciência médica* que a droga, ao penetrar no organismo físico do viciado, *atinge* o aparelho circulatório, o sangue, o sistema *respiratório,* o cérebro e as células, *principalmente as neuroniais. Informações estas que corroboram com a visão espírita.*

Por quanto tempo o toxicômano desencarnado fica sofrendo?

Durante o tempo em que permanecer empedernido no vício...

Contudo, conforme já dissemos ao menor sinal de arrependimento sincero, ao primeiro pensamento de prece a Deus, significando o desejo de se corrigir, recomeçar um novo caminho e uma nova vida de reto proceder, a ajuda divina se apresentará de imediato, na forma de Espíritos dedicados às tarefas socorristas.

Não apenas aos toxicômanos é dado tal auxílio: a todos aqueles que, em débito com a consciência, manifestarem sincero arrependimento e enérgica vontade de se auto-reformar, será dada igual ajuda divina *(no ato! Como a claridade solar).*

Em todo o capítulo *"Duração das Penas Futuras",* de *O Livro dos Espíritos,* o Espírito São Luís oferta-nos pérolas de esperança, adubando-nos a fé. Vejamos suas consoladoras respostas:

Pergunta: 1004: Em que se baseia a duração dos sofrimentos do culpado?

Resposta: No tempo necessário a que se melhore. Sendo o estado de sofrimento ou de felicidade proporcionado ao grau de purificação do espírito, a duração e a natureza de seus sofrimentos dependem do tempo que ele gaste em melhorar-se. À medida que progride e que os sentimentos se lhe depuram, seus sofrimentos diminuem e mudam de natureza.

Pergunta 1006: Poderão durar eternamente os sofrimentos do Espírito?

Resposta: Deus não criou seres tendo por destino permanecer voltados perpetuamente ao mal. ... cedo ou tarde o Espírito tem vontade de se tornar feliz.

Pergunta 1008: Depende sempre da vontade do Espírito a duração das penas?

Resposta: Sim, ao Espírito podem ser impostas penas por determinado tempo; mas, Deus, que só quer o bem de Suas criaturas, acolhe sempre o arrependimento e infrutífero jamais fica o desejo que o Espírito manifeste de melhorar.

O que leva um Espírito desencarnado toxicômano ao arrependimento?

A dor, mestra maior e último recurso natural para reconduzir o homem ao caminho do bem.

O viciado, ao desencarnar, percebendo que agora tudo está mais difícil, pois, além de não poder satisfazer a ânsia da droga, ainda está doente, fraco, faminto, etc., mais do que nunca, desejará as drogas.

E aí? Onde buscá-las? Como consegui-las?

1. Carente, e sem nenhuma proteção, ficará à mercê de legiões de malfeitores espirituais.

2. Será, sim, admitido nessas legiões, mas como elemento escravizado, desprezível, inferior...

3. Aprenderá, rápido, que só no plano material poderá dar vazão ao vício.

Qual vampiro, poucas vezes sozinho – *quase sempre em bandos* – acorrerá aos locais de freqüência dos toxicômanos encarnados (às vezes até mesmo em seus lares), aderindo-se a eles, mente a mente, induzindo-os ao consumo das drogas, *ou assediando criaturas invigilantes,* ainda não viciadas, para que o façam. Sem nenhuma reserva moral, em troca de alguma satisfação do vício, será submetido a uma série de perversidades.

Com o tempo, poderá, pelo livre-arbítrio, tomar duas atitudes:

1ª - Arrepender-se do mal praticado, do desrespeito às leis naturais, almejando melhorar de vida. O nível de sinceridade desse arrependimento determinará a ajuda celestial que virá em seu socorro.

2ª - Revoltar-se ainda mais e tornar-se desejoso de vingança contra seus algozes. O desejo de vingança lhe dará forças para desencadear uma fieira de maldades.

Seu poder, ampliado, atingirá um ponto em que a justiça divina considera como saturação, dando um basta: *compulsoriamente retornará à carne.*

Só que em tristes condições...

Nem poderia ser diferente!

A dor física e moral, num corpo deformado e sem defesas orgânicas, será constante na sua vida, como inigualável recurso educador.

Compulsoriedade como recurso educador moral. A compulsoriedade das infelicidades terrenas, atingindo inexoravelmente pessoas, famílias, grupos sociais, ou mesmo cidades, e até países, quase sempre põe à prova a confiança do homem no Criador, que só quer o bem dos Seus filhos.

Particularmente, quando inevitáveis mazelas se apresentam no corpo físico, em multiplicados casos já a partir do nascimento do ser, fica difícil, senão impossível, a aceitação disso como sendo um benefício, não só para o atingido, como também para os demais integrantes do seu circuito existencial.

Mas é exatamente isso e o que é: uma bênção! Difícil de acreditar ou compreender, mas verdadeiro!

Somente as luzes espirituais dos ensinamentos evangélicos, energizadas pelo Evangelho de Jesus e com o foco dirigido à razão, poderiam mesmo trazer-nos tão intrincados acontecimentos que se repetem na humanidade.

— Reencarnação... Reencarnação: quando será que os homens, todos, vão compreender que és mensageira da Justiça Divina?

— Espiritismo, Espiritismo: Ciência, Religião e Filosofia profunda, por isso mesmo de singular simplicidade, ofertando esperanças em taças cheias da "água viva" aos sedentos de justiça - aqueles que se sentem vitimados pelo "destino cruel".

Sim: derramando lógica, bom senso, e, mais que tudo, entendimento, vêm espíritos prepostos de Jesus dizer aos que sofrem:

- **Emmanuel,** à questão nº 336 de *O Consolador* registra que é ato de misericórdia divina a oportunidade de resgatar culpa, pelo que o culpado arrependido terá mesmo que passar por determinadas provas.
- **André Luiz,** no cap. 19 de *Missionários da Luz,* informa que após ser atendido por dez vezes, determinado paciente, colérico e invigilante, ficaria entregue a si mesmo, aguardando que a dor o instruísse e o ajudasse a transformar-se para o bem.

• **André Luiz,** ainda, no cap. 17 **"Forças Viciadas"** de ***Nos Domínios da Mediunidade,*** transcreve ensinamentos do mentor Áulus, segundo os quais há dolorosas reencarnações de viciados, a bordo de corpos apresentando o mongolismo, a hidrocefalia, a paralisia, a cegueira, a epilepsia secundária, o idiotismo, o aleijão de nascença e muitos outros recursos, angustiosos embora, mas necessários, que funcionam, já a partir do berço, em benefício de mentes em desequilíbrio, através dessas provações obrigatórias...

• Manoel Philomeno de Miranda, no cap. 12 de ***Nos Bastidores da Obsessão,*** contempla nosso entendimento de como nesses terríveis sofrimentos há a bondade divina: esclarece que há casos em que a enfermidade e a dor são medidas que impedem danos maiores na evolução moral do devedor; e é por amor que determinados pacientes da alma ficam impossibilitados de cair em danos mais graves, e, nesse caso, a doença, o agravamento da saúde e a prisão ao leito ser-lhes-ão melhora das suas aquisições... Tamanha é a rebeldia de determinados pacientes que para eles o melhor remédio para a saúde deles será a continuação do sofrimento em que se encontram...

• **O Espírito identificado como irmão João,** no cap. III da 2ª parte de ***Memórias de um Suicida,*** é enfático quando leciona que a reencarnação punitiva é por vezes imposta a determinados suicidas, como tratamento médico hospitalar, numa espécie de tratamento que a urgência e a gravidade do delito impõem ao enfermo... Acrescenta que, embora dolorosa aos Espíritos atendentes, somente tal providência proporcionará convalescença àqueles pacientes...

• (de nossa parte, pobremente, comparamos figurativamente a compulsoriedade divina impondo expiações e resgates qual rede providencial que impede a queda de alguém em queda livre rumo a um abismo infinito):

Estancando a queda, cessa o mergulho infeliz e o freio abrupto causará mesmo "luxações aqui", "distensões ali", "eventuais pequenas fraturas acolá", mas o mergulhador estará a salvo, após períodos de atendimento hospitalar.

Os sofrimentos, no citado período, serão de inigualável valor para reflexões.

E como a inteligência é patrimônio intocável, logo o paciente decidirá que não deve retornar àquele mergulho...

Vampirismo: Como o viciado-Espírito acha o viciado-encarnado?

Altamente esclarecedor é o capítulo "vampirismo", do livro ***Missionários da Luz*, ditado pelo espírito André Luiz,** psicografia do médium Francisco Cândido Xavier - edição da FEB (Federação Espírita Brasileira, 1945).

Diz, em síntese:

- "A cólera, o ódio, os desvarios do sexo e os vícios oferecem campo a perigosos germes psíquicos na esfera da alma".
- Paralelamente aos micróbios alojados no corpo físico há bacilos de natureza psíquica, quais larvas, portadoras de vigoroso magnetismo animal.
- Essas larvas constituem alimento habitual dos Espíritos desencarnados e fixados nas sensações animalizadas.
- A indiferença à lei divina determina sintonia entre encarnado e desencarnado viciados, este se agarrando àquele, sugando a grande energia magnética da infeliz fauna microbiana mental que hospeda, em processo semelhante às ervas daninhas nos galhos das árvores, sugando-lhes substância vital.

• Os vapores sutis das drogas, ao se volatilizarem, são, facilmente detectados pelos Espíritos-viciados, os quais sorvem esses vapores, deles apropriando-se e incentivando o encarnado a consumir mais e mais...

O fato mais grave do vampirismo é que as larvas psíquicas, consignadas por André Luiz, são contagiantes: havendo campo próprio, transferem-se para novos hospedeiros, onde proliferarão. A esse infeliz processo o espiritismo denomina obsessão.

Como se instala a obsessão?

"Obsessão é a ação persistente que um mau Espírito causa a um indivíduo".

"O progresso intelectual dá ao homem a compreensão do bem e do mal, possibilitando-lhe o progresso moral". (Allan Kardec, em *O Livro dos Espíritos,* questões 780 e 780.a).

• Contudo, e infelizmente, nós, criaturas ainda arraigadas ao egoísmo e ao orgulho, preocupamo-nos, o mais das vezes, em adquirir cultura, esquecendo que os conhecimentos envernizam o espírito, *mas só a prática das virtudes ilumina a alma.*

• Preocupamo-nos muito com nós mesmos e com isso, do confronto no bem, entre o saber e o fazer, o primeiro se sobressai (egoísmo), gerando oportunidades perdidas e defesas morais desguarnecidas.

• Aí, surgem as enfermidades do corpo e da alma... Assim, culto e imprevidente, o homem colérico, vingativo, egoísta, orgulhoso, imoral, viciado, etc. atrairá Espíritos afins, em aflitivo processo de obsessão, funcionando tal conjunção em todos os sentidos, isto é:

• *De desencarnado para encarnado;*
• *De encarnado para desencarnado;*

- *De desencarnado para desencarnado;*
- *De encarnado para encarnado.*

Ainda como processo obsessivo, temos a auto-obsessão: por exemplo, as criações mentais dos hipocondríacos.

Por tudo isso, podemos afirmar que ninguém está só, no bem ou no mal: as leis da atração e de sintonia funcionam invariavelmente em ambas as situações, independentemente de os agentes ou pacientes estarem no plano material ou no plano espiritual.

Os toxicômanos, em particular, geralmente desconhecem tais mecanismos espirituais. Informá-los a respeito é tarefa primeira e prioritária para a sua recuperação.

O que podem fazer as entidades espíritas em favor dos toxicômanos?

Visão espírita da toxicomania:
(e de todos os demais vícios)

Muito lucraria toda a humanidade se incluísse o Espiritismo no contexto de informação e combate ao uso das drogas.

"E isso não é exuberante devaneio de alguém fanático, mas sim refletida análise da conjuntura mundial, na qual *o tóxico legal já se enraizou e o ilegal se insere e reafirma que "veio para ficar"*, desencadeando, ambos, pandemia (epidemia sem controle) de acontecimentos cruéis".

Por que o Espiritismo? E o que pode ele fazer, a respeito?

• Muitas pessoas experimentaram drogas e as rejeitaram.

Mas, ***os indomáveis impulsos dos toxicômanos*** apontam para condições determinantes preexistentes à própria gênese de tais indivíduos.

Isso é fácil de ser comprovado, se compararmos, num exemplo simplista:

• Que há casos de famílias numerosas, com problemas morais graves e, no entanto, nelas, nem todos são alcoólatras ou toxicômanos, nem todos são ladrões; noutro exemplo, famílias em que há gênios, mas nem todos são tão inteligentes...

Verifica-se que conquanto sua herança genética (genótipo) apesar de carregar traços muito semelhantes, vivendo e sendo criados todos no mesmo meio ambiente (fenótipo), por que há discrepância de personalidade? O que explicaria tal diversidade, senão vidas anteriores?

Precisamente aqui o Espiritismo desata o nó:

Dentro do conceito lógico de que, se no presente há fatores-reflexos (causas catalisadoras indutoras ao tóxico, a outros vícios ou a outros desajustes, bem como se há superdotados) tais aspectos, não tendo sido adquiridos nesta vida, sua origem só pode estar num lugar:

• Em outras vidas. E nesse caso, no passado!

Simples, lógico, racional, não é mesmo?

Toda e qualquer pessoa, especialmente os espíritas não podem fugir do entendimento de que o combate *(cura)* da toxicomania se inicia pela prevenção, através da educação, *a partir do lar*, em caráter permanente, transita, *após, pela escola* e desagua *na convivência social,* observados todos os níveis de faixas etárias.

Ninguém, mais do que os Espíritas compreendem *(ou deveriam compreender)* os desvios de personalidade, gerados por distúrbios psíquicos.

• Tanto isso é verdade que é na singeleza dos centros espíritas, cujas paredes, por vezes, nem são rebocadas ou há tempos carecem de pintura, justamente ali, dizíamos, nas suas humildes reuniões mediúnicas - no mínimo, semanais - são evangelicamente socorridos Espíritos que desencarnaram por ação dos tóxicos.

Quantos são os encarnados que, crendo na imortalidade do espírito, pararam para pensar em que situação ficam aqueles que o tóxico leva à desencarnação prematura?

É óbvio que muito mais proveitoso do que aguardar a desencarnação, para descobrir a resposta, os centros espíritas também vêm (e devem) atendendo toxicômanos encarnados, esclarecendo-os, sem fantasias ou ameaças infernais.

Quanto ao futuro "do lado de lá...".

Com base no relato dos que antecederam, diz-lhes do futuro difícil que os aguarda penoso, reclamando nova reencarnação, para reencetar a caminhada evolutiva, no ponto em que o tóxico interrompeu:

• Só que, pela lei divina de Ação e Reação, agora, nessa nova reencarnação, será portador de seqüelas orgânicas e fortes tendências ao vício.

• Seqüelas orgânicas porque o tóxico, pelo qual desencarnou, terá necessariamente alterado o equilíbrio físico, com danos em um ou mais setores do corpo material, imprimindo desarranjos no molde perispiritual.

• Já as tendências, tentando arrastá-lo de volta ao tóxico, são reflexos psíquicos do estado mental em que desencarnou e no qual permaneceu no mundo espiritual, no espaço intermediário entre aquela desencarnação e a atual existência.

Tais as verdadeiras matrizes psíquicas que todos trazemos ao reencarnar, impondo-nos enérgica vontade para domar o atávico e por isso mesmo oculto chamamento-retorno aos equívocos do passado. No *caso dos toxicômanos, em particular, ao vício.*

Essas matrizes psíquicas são nada mais, nada menos, do que aquele elemento que a psicologia atual, à falta de outra explicação, *denomina de determinismo. É o puro academicismo das escolas de psicologia e psiquiatria que infelizmente não se curvam a outros postulados e princípios que não os seus. (grifo nosso).*

Tal diagnóstico não explica o caso de irmãos criados juntos e cujos comportamentos, completamente diferentes, desafiam os postulados oficiais.

Tudo se enquadra na natureza dentro de uma relação de causa e efeito. Segundo o espiritismo, a vida prossegue após a morte numa relação de continuidade. Toxicodependente aqui, toxicodependente no Além, dependendo também da sua vontade e empenhamento o instante de se começar a tratar.

Contudo, é evidente que não temos espírito. Somos Espírito e temos corpo físico e corpo espiritual (perispírito).

A droga espalha-se assim em três níveis:

1. O primeiro é o orgânico-corporal.
2. O segundo é o orgânico-perispiritual.
3. O terceiro é o espiritual propriamente dito.

1. O corporal toca tudo o que diz respeito ao corpo físico. O nosso corpo habitua-se à química da droga e cobra quantidades crescentes. Resulta a dependência orgânica do doente.

2. O perispiritual envolve o organismo espiritual que possuímos: a matriz do corpo físico que é detectado pelos cinco sentidos. Constituído de uma «matéria espiritual», em condições vulgares imperceptível para nós, é muito plasticizável pelo estado mental por que optamos. Nele, a droga provoca desequilíbrios, eventualmente possíveis de se estender à erraticidade, ao plano espiritual, e mesmo a diversas reencarnações.

3. Quanto ao espiritual, propriamente dito, há que reter: não temos espírito, pois o Espírito somos nós próprios. Se nos fragilizamos ao ponto de fugir da realidade (incompreendida) sistematicamente, após a morte do corpo físico não teremos como satisfazer a apetência e cristalizamos durante um tempo as impressões ilusórias resultantes do consumo da droga.

Se for certo que após a morte corporal as exigências bioquímicas do corpo físico se extinguem, o mesmo não acontece com a cobrança do corpo espiritual e com a dependência psicológica, que continuam.

E, depois, como resolver esse desejo de consumir, tendo em conta que o perispírito não manipula objetos materiais? Como resolver o problema de querer injetar-se quem já está no plano espiritual e mantém a vontade ("necessidade" aparente) de fazê-lo? As mãos do seu corpo espiritual não retêm a matéria. Assim, há uma procura telepática dos encarnados (dos "vivos") que têm esse hábito. Encontrando um com que se afinize, o desencarnado (o "morto") toxicodependente pode intensificar-lhe, mesmo inconscientemente, a vontade de consumir, o que ocorre, e dá-se um empréstimo de sensações. São vítima e algoz em papéis permutáveis.

Revista de Espiritismo nº. 36, Julho - agosto - setembro 1997

Do ponto de vista da Doutrina Espírita p deduzir que:

- O drama do drogadito não é como muitos apregoam obra do "acaso" ou mero capricho da natureza, senão dele mesmo.
- É resultado do seu desagravo às leis que governam o universo - imutável e igualitário - e que asseguram o equilíbrio e o progresso de toda a criação.
- Está implícita a lei de afinidades, que permitem que entidades viciadas, já desencarnadas, passem a "incentivá-lo" ao uso de alcoólicos e outras drogas, bebendo ou usando drogas com ele e, ainda, por cima, subtraindo-lhe as energias vitais.
- Com o tempo, essas entidades passam a dominar-lhe a vontade, constituindo-se o quadro em verdadeira subjugação.

"Trazendo hoje a enfermidade que lhes martirizava o corpo somático e subjuga o espírito - em resposta ao hábito adquirido em momentos outros de sua trajetória evolutiva, com o fito maior de induzi-los a colocar todo o esforço e a vontade no sentido de desfazer as algemas vestidas por eles mesmos, em atitude de rebeldia e irresponsabilidade, ao desgastar e malbaratar o arcabouço orgânico ofertado dadivosamente pelo Pai celestial". (Francisco Cajazeiras - *Bioética - uma contribuição espírita*)

Os vícios químicos, quaisquer que sejam, são, em verdade, prática suicida indireta, cujos rigores da lei serão mais ou menos intensos, na erraticidade e em vidas futuras, na razão direta do conhecimento que se detenha dessas verdades. Sim, *os alcoolistas e drogaditos de hoje são certamente os* "bebedores sociais" e o "toxicômanos" de outras experiências reencarnatórias, pois:

"Tanto o céu quanto o inferno da terminologia teológica começam nos caminhos do mundo, em experiências diversas da criatura humana".

CAPÍTULO 6

DROGAS: O QUE FAZER NO CENTRO ESPÍRITA

Nos centros espíritas, a bordo da lógica das vidas sucessivas, o atendimento aos viciados encarnados, inteiramente gratuitos, conjuga esclarecimento, compreensão, amizade.

Além disso, passes magnéticos são benéficos para energizá-los psicofisicamente, ofertando-lhes água fluida e convidando-os a assistir as palestras evangélicas públicas, ao tempo em que podem engajar-se em atividades assistenciais junto a famílias carentes.

Tudo isso para que o viciado proceda à auto-reforma. E mude de costumes!

O centro espírita atende igualmente ao viciado desencarnado.

Para todos, porém, preconiza que o *remédio ideal é a vontade de auto-reformar-se.*

Uma vez tomada essa feliz decisão, O Evangelho de Jesus age como poderosíssimo guindaste, reerguendo o Espírito equivocado e infeliz às alturas da reconstrução moral, patamar ao qual o vício não alcança.

A QUESTÃO DA RELIGIOSIDADE

É sabido que o ser humano nasce incompleto para a sua sobrevivência, portanto, necessita de proteção e de provisão, até atingir a auto-suficiência. Por mais auto-suficiente que se torne, precisará do sexo oposto para sobreviver, principalmente se desejar ter filhos. Quando isto ocorre, está pondo em prática sua religiosidade. "Quando duas pessoas formam um relacionamento que é mais forte que cada uma delas, mesmo quando não estão juntas, uma tem a outra dentro de si, e vive-versa". Com certeza, um relacionamento assim formado pode ser considerado a menor unidade vivida e sentida de religiosidade. Para que melhor você possa entender o sentido, profundo e importante, da religiosidade, citamos a página psicografada pelo médium Divaldo P. Franco, na reunião da noite de 17 de julho de 2002, no Centro Espírita Caminho da Redenção, em Salvador, Bahia.

"O malogro das construções morais da sociedade deve-se, particularmente, à educação, que não conseguiu, através dos métodos do unicismo psicológico, alcançar o ser integral. Mais preocupada com a transmissão de conhecimentos, sem o cuidado da formação de hábitos enobrecidos, trabalhou mais pelo desenvolvimento do intelecto do que dos valores profundos do sentimento. Como conseqüência, acompanhamos o progresso científico tecnológico, que facultou a penetração do pensamento nos mais intrincados problemas e enigmas do Universo, elucidando um sem número deles, mas não podendo atender, como se torna imprescindível, as necessidades do ser humano que estertora nos conflitos depressivos e explode na agressividade e na violência urbana, ceifando vidas incontáveis...Procurando recursos de evasão para os tormentos que o vergastam, esse ser derrapa nas usanças mórbidas do tabaco, do álcool e de outras drogas químicas, do sexo em desalinho, em vãs tentativas de anular as insatisfações em que se debate. A educação religiosa, por sua vez, vinculada ao fanatismo e sem a correta visão do ser integral, procurou, inutilmente, fazer prosélitos para a sua grei, despreocupada em produzir homens e mulheres nobres para a edificação de si mesmos, bem como da sociedade, sem as constrições impostas pela castração dogmática de cada grupo, fiel ou dissidente do Cristianismo primitivo... Defrontamos, em razão disso, uma sociedade constituída por espetáculos de fé religiosa, com pessoas sem qualquer religiosidade que perderam o sentido superior da vida, e logo cessada a encenação exterior, fogem para os escusos redutos das paixões primitivas ou se entregam aos descontroles dos instintos primários que nelas predominam. Somente uma releitura das propostas da educação, quando possa enfrentar os seus erros e falências, ao mesmo tempo apresentando-se novos programas de enobrecimento, que convidem o educando à identificação dos valores reais, da razão de viver e das finalidades existenciais, da sua imortalidade e dos impositivos da reencarnação como manifestação da Justiça Divina, é que se poderá confiar no futuro e dele esperar frutos sazonados. Esse cometimento está reservado aos evangelizadores espíritas que, possuidores do significado da vida e dos objetivos essenciais reservados ao ser humano, poderão conduzir os aprendizes no rumo da educação integral, pois que, a de caráter espírita, fundamental na formação da personalidade da criança e do jovem, completará a convencional e acadêmica.

Os antigos toltecas há mais de três mil anos, já lecionavam que o ser humano é feito de luz emboscada no corpo, e vencer esse impedimento para ser totalmente luminoso, é a finalidade da existência terrena. Confirmando essa revelação, Jesus disse-nos que "é a luz do mundo", graças a cuja claridade superaremos as sombras interiores que predominam em nossa natureza animal.

Posteriormente, Allan Kardec acenou-nos com a luminosa informação de que somente a educação moral, a que consiste na arte de formar os caracteres, a que incute hábitos, porquanto a educação é o conjunto dos hábitos adquiridos, logrará o mister de dignificação e liberdade para o Espírito, concluindo magistralmente que a desordem e a imprevidência são duas chagas que só uma educação bem entendida pode curar, assim facultando a paz e o progresso dos povos".

A seguir sugerimos algumas iniciativas importantes, como base em tais princípios, acima expostos, para afastar o viciado das drogas.

Promover reuniões com palestras e debates sobre drogas *(envolvendo os pais, os filhos e o público em geral)*

• Discutir com os jovens *(nas mocidades, pré-mocidades, infância, etc.)* os problemas que envolvem a vida do espírito encarnado, através de temas que tocam os jovens de perto - sexualidade, namoro, gravidez, aids, drogas.

• Procurar integrar usuários de drogas nas atividades da casa, em vez de discriminar e rejeitar.

• Encaminhá-los para a assistência espiritual.

• Um incentivo cada vez mais constante às atividades de evangelização da infância e da juventude, principalmente com sua implantação, caso a instituição ainda não o tenha implantado.

• Estimular seus freqüentadores, em particular a família do viciado em tratamento, à prática do evangelho no lar.

Estas pequenas reuniões, quando realizadas com o devido envolvimento e sinceridade de propósitos, são fontes sublimes de socorro às entidades sofredoras.

Além, naturalmente, de concorrer para o estreitamento

dos laços afetivos familiares, o que decerto estimulará o viciado, por exemplo, a perseverar no seu propósito de libertar-se das drogas ou a dar o primeiro passo nesse sentido.

Preparar devidamente a equipe de médiuns para o sublime exercício da mediunidade com Jesus, condição essencial ao socorro às vítimas das drogas, até mesmo às desencarnadas.

No diálogo fraterno com o viciado e seus familiares, sejam-lhes colocados à disposição os recursos auxiliares do tratamento espiritual: passe, desobsessão, água fluidificada e reforma íntima.

Criar, no trabalho assistencial da casa, uma atividade que enseje o diálogo, a orientação, o acompanhamento e o esclarecimento, com fundamentação doutrinária, ao viciado e a seus familiares.

Deixamos ao nosso querido leitor, uma reflexão e ao mesmo tempo uma instrução, de como podemos viver a experiência desta importante jornada terrena.

"A educação familiar deveria basear-se na religiosidade para promover a saúde física, psicológica e relacional. Isto significa que o relacionamento familiar deveria ser mais importante que cada um de seus integrantes. Todos sentem que pertencem à família, mas ela também lhes pertence. Por isso, os filhos não devem estar sempre em primeiro lugar, mas nem por isso suas necessidades deixam de ser atendidas".

"Uma criança sente que pertence aos pais e que os pais lhe pertencem, e assim os respeita e aprende a compor-se como membro da família. Quem respeita seus pais tem maior facilidade para entender e aceitar a socialização comunitária. A pessoa sente que pertence à comunidade e é importante para ela; que a comunidade também lhe pertence e é importante".

Sugestões para filmes sobre o tema drogas

1 - Profissão de risco
2 - Scarface: a vergonha de uma nação
3 - A corrente do bem
4 - Mais que o acaso
5 - 28 dias
6 - Bicho de sete cabeças
7 - O informante

Conheça também

Alerta aos Pais

Francislene Magda da Silva

Márcia Adriana Clarassoti Simionato

• **14x21 cm – 160 p.**

Em *Alerta aos Pais,* as autoras arrolam problemas (e possíveis soluções) da difícil tarefa de educar com amor, com equilíbrio e com respeito. Que este livro possa ser, para todos nós, pais e educadores, uma ajuda a mais na sublime e complexa missão que temos de educar-nos para podermos educar melhor nossas crianças.

Educação Espírita de Nossos Filhos

Geziel Andrade

• **14x21 cm – 248 p.**

Mais que um livro, este é um guia prático para a educação dos nossos filhos, não apenas do infante, mas do adolescente, do universitário e do adulto; poderíamos dizer até ser esta uma obra para a educação do Espírito. Geziel Andrade posiciona-se como pai e pesquisador consciencioso que busca o saber, as orientações e as experiências educativas de inúmeros autores consagrados, encarnados ou não. Tudo baseado em Kardec, um educador emérito.

Não encontrando os livros da EME na livraria de sua preferência, solicite o endereço de nosso distribuidor mais próximo de você através do fone/fax: (19) 3491-7000. E-mail: vendas@editoraeme.com.br – Site:www.editoraeme.com.br